KB047719

군중심리

개정판

Psychologie des
Foules

Gustave
Le Bon

군중
심리

귀스타브 르 봉 지음

전남석 옮김

개정판

동국출판사

차례

군중의 시대   / 005

군중심리의 특성   / 019

군중의 여론과 신념   / 083

지도자의 설득수단   / 131

군중의 분류와 유형   / 173

부록: 『군중심리』의 사회학적 위치   / 231

옮긴이 후기   / 259

군중의
시대

국가의 운명은 군중의 마음속에서 결정된다

로마 제국의 붕괴나 아라비아 제국의 창건 같은 문명의 변화에 앞선 대변동은 얼핏 보면 정치적 변동이나 외세의 침입, 또는 왕조의 전복에 의해 결정되는 것처럼 보인다.

그러나 이러한 사건들을 좀 더 주의 깊게 분석해보면, 그러한 표면상의 원인 뒤에 인간 사상의 철저한 변화라는 진정한 원인이 도사리고 있음을 알 수 있다.

진정한 역사적 변동이라는 것은 장엄하거나 격렬해서만 우리를 놀라게 하는 것이 아니다. 문명의 혁신을 가져오게 하는 유일하고도 중요한 변화는 사상과 관념과 신념에 영향을 미친다. 역사상 기억할 만한 사건은 눈에 보이지 않는 인간 사상의 변화가 표면으로 나타나게 된 결과이다.

이러한 큰 사건이 아주 드문 이유는 인간이 선조로부터 물려받은 사상적 토대만큼 영속성 있는 것이 이 세상에 없기 때문이다.

현대는 인류의 사상이 전환 과정을 겪고 있는 중대한 순간이다. 이 전환의 밑바탕에는 두 가지 기본적 요인이 깔려 있다.

첫째는 우리 문명의 모든 요소가 뿌리박고 있는 종교적·정치적·사회적 신념의 파괴이다.

둘째는 현대 과학과 상업상 발전의 결과로 전혀 새로운 생존적·사상적 상황이 조성되었다는 것이다.

과거의 사상은 절반은 파괴되었을지언정 아직도 매우 강력하게 남아 있고, 그것을 대체할 새로운 사상은 아직 형성 과정에 있기 때문에, 현대는 과도기와 무정부 시대를 나타내고 있다.

필연적으로 얼마간 혼란한 이 시대가 미래에 어떻게 진화해 갈지 아직은 예측하기 어렵다. 현재의 사회를 뒤이을 새로운 사회의 토대가 될 기본적 사상은 어떤 것일지 아직은 알 수 없다. 하지만 한 가지는 이미 분명하다. 즉, 미래의 사회가 어떤 노선에 따라 구성된다 할지라도 하나의 새로운 세력, 마지막까지 살아남을 현대의 지배적 세력인 군중의 힘을 중시해야만 한다는 것이다. 이전에는 이론(異論)의 여지가 없는 것으로 간주되었던 많은 사상들이 붕괴되고, 잇따른 혁명들이 무너뜨려 버린 권위의 원천이 오늘날 부식되었거나 부식되고 있는 가운데, 이들 대신에 등장한 군중의 세력만은 곧 다른 세력들을 흡수할 기세를 보이고 있다.

우리의 모든 옛 신념은 비틀거리며 사라져가고, 사회의 낡은 기둥들이 하나하나 허물어져 가는데, 군중의 힘만은 그 어느 것도 막아낼 수 없는 세력으로서 그 권위가 계속 증대되고 있다. 우리가 살아갈 시대는 그야말로 '군중의 시대'가 될 것이다.

겨우 한 세기 전만 해도 유럽 국가들의 전통적인 정책과 군주들 간의 반목이 사건들을 일으킨 주요한 요인이었다. 민중의 의견은 거의 무시되었고 대부분의 경우 전혀 중시되지 않았다. 그러나 오늘날 여론 정치는 하나의 전통이 되었으며, 지배자들의 개인적인 뜻이나 지배자들 간의 반목은 중요시되지 않고 그 반대로 민중의 소리가 우세하게 되었다. 군주가 행해야 할 행동을 명령하는 것은 바로 이 민중의 목소리이고, 군주는 대중의 목소리에 귀 기울이려고 노력해야만 한다. 국가의 운명은 이제 제후들의 회의에서 결정되지 않고, 민중의 마음속에서 결정된다.

이처럼 대중계급이 정치생활에 들어온 사실은 — 다시 말해 대중계급이 점차 지배계급으로 변해가고 있는 것은 — 우리가 맞은 이 전환기의 가장 뚜렷한 특징 가운데 하나이다. 오랫동안 실시되었으나 별 영향을 미치지 못했던 보통선거 제도의 도입은, 일반적으로 생각하는 바와 달리 이러한 정치권력 이동의 뚜렷한 특징이 아니다. 대중 세력의 점진적 성장은 처음 어떤 사상의 전파로 시작되어 그 사상이 사람들의 마음속에 서서히 뿌리박게 되고 나중에 그 이론적인 개념을 실현시키기로 결심한 개인들이 점차 결속함으로써 이루어졌다. 군중이 특히 정당하지는 않을지라도 매우 명백히 정의된 그들의 이해관계에 관해 생각하게 되고 그들의 힘을 의식하기에 이른 것은 단결에 의해서이다. 군중은 일종의 신디케이트(syndicate)를 현성하고 있기 때문에 당국은 그 앞에서 굴복한다.

군중은 또한 노동조합을 조직하고 있는데, 노조는 모든 경제적 법칙에도 불구하고 노동과 임금에 관한 조건을 규정하는 데 이바지하고 있다. 민중은 정부가 권력을 장악하고 있는 의회에도 세력을 진출시키게 되는데, 이는 의원들이 독창력과 자주성을 완전히 잃고 자기들을 선출해준 노조위원회의 대변자 구실 이외에는 아무것도 아닌 존재로 전락하기 때문이다.

드높아진 대중의 소리

오늘날 대중의 요구는 점점 더 뚜렷이 표출되고 있다. 그 요구는 문명의 새벽이 동트기 전, 모든 인간 집단의 정상적인 상태였던 원시공산주의 상태로 사회를 되돌아가게 할 목적으로, 현존하는 사회를 완전히 파괴하려는 결의나 다름없게 되고 있다. 노동시간의 제한, 광산·철도·공장·토지의 국유화, 모든 생산품의 균등한 분배, 대중계급의 이익을 위한 상류계급의 축출 등이 그들의 요구이다.

이성적인 논리에 익숙하지 못한 군중은 그 반대로 행동하는 데 빠르다. 군중은 현재 조직화되어 있기 때문에 그들의 힘은 막강해졌다. 우리가 현재 그 탄생을 목격하고 있는 이 교의(敎義)는 곧 과거의 독단이 가졌던 힘, 즉 논의 불가의 폭군적·군주적인 힘을 가지게 될 것이다. 대중의 권력이야말로 천부의 권리라는 생각이 옛 시대의 왕권신수설을 대체하고 있다.

중류계급의 사랑을 받고 있는 작가들, 즉 중류계급의 편협한 사상, 다소 판에 박힌 견해와 피상적인 회의주의, 그리고 때로는 지나친 이기주의 등을 가장 잘 그리는 작가들은 성장일로에 있는 이 새로운 세력에 대해 큰 경계심을 나타내고 있다. 그래서 그들은 인간정신의 무질서와 싸우기 위해 전에 그토록 경멸해온 교회의 도덕적인 힘에 절망적인 호소를 하고 있다. 그들은 우리에게 과학이 가져온 파탄을 이야기하고 후회하면서 로마로 되돌아가 신이 게시한 진리의 가르침을 상기시킨다. 그러나 이러한 새로운 개종자들은 이제는 너무 늦었다는 것을 모르고 있다. 그들이 진짜 신의 은총을 받았다 할지라도, 그것은 새로 종교에 귀의한 사람을 둘러싸고 있는 선입관에 관심이 적은 대중의 마음에 동일한 영향을 미칠 수는 없다. 대중은 지금 그들에게 경종을 울리는 작자들이 과거에 거부하고 파괴하려 했던 신들을 거부하고 있다. 강물의 흐름을 수원(水源)으로 역류시킬 수 있는 힘은 신에게도 인간에게도 없다.

학문의 파탄은 아직껏 오지 않았다. 또 학문은 현재의 지적인 무정부 상태에 개입하지 않았고, 이 무정부 상태의 소용돌이 속에서 태어난 새로운 세력의 형성에도 관계하지 않았다. 학문은 우리에게 진리를 알려주겠다고 약속했다. 혹은 적어도 인간 지성이 포착할 수 있는 상호관계에 대해 알려줄 것을 약속했다. 그것은 결코 평화나 행복을 가져다주겠노라고 약속하지 않았다. 학문은 우리의 감정에 전혀 무관심하기 때문에 우리의 한탄에 귀 기울이지 않는다.

과학이 파괴해버린 환상을 되살릴 수 있는 것은 아무것도 없기 때문에 우리는 학문과 더불어 살아가도록 노력해야 한다.

모든 나라에서 볼 수 있는 분명한 징후는 군중의 힘이 급속히 증대하고 있음을 나타내며, 이러한 세력의 증대가 일찍 중단되리라 생각하는 것을 허용하지 않는다. 그것이 우리에게 어떤 운명을 가져오든지 간에 우리는 이 세력에 순종해야만 한다. 이에 맞서는 모든 논의는 단순한 말싸움에 지나지 않는다. 대중 세력의 대두는 서구 문명의 한 마지막 단계, 새로운 사회의 탄생에 앞서서 필연적으로 일어났던 혼란스러운 무정부 시기로 완전히 돌아가는 것을 뜻할 수도 있다. 이러한 결과를 과연 막을 수 있을 것인가?

이제껏 낡은 문명의 철저한 파괴는 대중의 가장 명백한 과업이었다. 이러한 일은 오늘날에만 발견될 수 있는 것이 아니다. 한 문명의 토대를 이룬 도덕적 세력이 그 힘을 잃는 순간부터 그 문명의 최종적 붕괴는 야만인이라고 해도 좋을 무의식적이고 난폭한 군중에 의해 이루어졌다는 것은 역사를 통해 알 수 있다. 문명은 소수의 지적인 귀족들에 의해 창조되고 지배되어왔지, 군중에 의해서 창조되고 이끌려오지는 않았다. 군중은 파괴하는 데만 강할 뿐이다. 군중의 법칙은 야만적인 측면을 지니고 있다. 문명은 확고한 법규와 규율, 본능적인 상태로부터 합리적인 상태로의 전환, 미래에 대한 예견, 고도의 문화 등을 포함하고 있는데, 이러한 조건들은 군중의 독자적인 힘만으로는 실현할 수 없다. 군중은 순전히 파괴적인 특성을 가진 힘으로써, 쇠퇴하거나 죽어가는 것의 해체를 촉진하는 세균처럼 작용한다. 한 문명의 구조가 썩었을 때 그것을 붕괴시키는 일은 언제나 대중이 한다. 대중의 주요한 사명이 가장 두드러져 보이는 것은 바로 이러한 때이다. 그리고 잠시 동안 다수의 철학이 역사의 유일한 원리인 것처럼 보이는 것도 이 때이다.

우리 문명도 똑같은 운명을 지니고 있을까? 그렇다고 염려할 만한 근거는 있지만, 이 단계에서는 반드시 그렇다고 확신할 수는 없다.

아무튼 우리는 군중의 지배에 자신을 맡길 수밖에 없다. 선견지명이 없었기 때문에 군중을 저지할 수도 있는 모든 장벽을 잇달아 허물어버려 왔기 때문이다.

군중에 대해서 무엇을 아는가

우리는 이토록 많은 토론의 대상이 되고 있는 군중에 대해서 아는 것이 너무 적다. 전문적인 심리학자들은 군중과 동떨어져 살아왔기 때문에 언제나 군중을 무시했다. 최근에 와서야 그들은 이 방면에 관심을 돌리기 시작했지만, 그것은 단지 군중이 범할 수 있는 범죄를 연구하기 위해서이다. 의심할 여지 없이 범죄적 군중이 있다. 그러나 착한 군중, 영웅적인 군중, 그리고 다른 많은 부류의 군중에게도 눈을 돌려볼 필요가 있다. 군중의 범죄는 군중심리의 특수한 일면일 뿐이다. 개인의 죄악을 연구함으로써 그의 정신 상태를 이해할 수 없듯이 군중이 저지른 범죄를 연구하는 것만으로는 군중의 정신 상태를 알 수 없다.

하지만 실제로 세계의 모든 지배자들, 종교나 제국의 창시자들, 모든 신앙의 사도들, 뛰어난 정치가들, 더 낮추어 군소 인간 집단의 지도자들은 항상 무의식적인 심리학자로서 군중의 특성을 본능적으로 알고 있을 뿐 아니라 때로는 아주 정확하게 이해하고 있었다. 그들이 그렇게 쉽게 지배적 위치를 확립할 수 있었던 것은 군중의 특성을 정확하게 파악하고 있었기 때문이다. 나폴레옹은 자기 나라 대중의 심리를 놀라울 만큼 깊은 통찰력으로 꿰뚫어 볼 수 있었으나, 가끔 다른 종족에 속한 군중의 심리를 완전히 잘못 파악하곤 했다. 그가 스페인에 출병하고, 특히 단시간에 자기 세력이 궤멸될 만큼 심한 타격을 받은 러시아 원정을 기도한 것은 그가 다른 종족의 심리를 잘못 이해했기 때문이다. 오늘날에 와서 군중심리를 이해하는 것은 이미 어렵게 된 군중의 지배를 위해서가 아니라 군중에 의해 지나치게 지배당하지 않기 위해서 정치가들이 갖추어야 하는 기초 자원이다.

'법률이나 제도가 군중에 미치는 영향력이 얼마나 미미한지, 강요되지 않은 견해를 갖기에 군중이 얼마나 무력한지'를 이해하기 위해서 군중심리에 대한 통찰력을 갖추지 않으면 안 된다. 순수하게 정당한 이론에 토대를 둔 법률을 가지고는 군중을 이끌어 갈 수 없으며 그들에게 깊은 인상을 주어 사로잡아야만 이끌어갈 수 있다는 사실을 이해하기 위해서도 우리는 군중심리에 관해 어느 정도 통찰력을 갖추어야 한다.

예컨대 새로운 세금을 부과하기를 원하는 입법자가 있다고 하면, 이론적으로 가장 타당한 세목(稅目)을 선택할까? 결코 그렇지 않다. 실제로는 가장 공정하지 않은 조세가 대중에게는 가장 좋은 조세가 될 수 있다. 만약 그 세금이 아주 분명하지 않은 성격을 띠고 있더라도 겉보기에 가장 부담이 적어 보이면 군중은 아주 쉽게 받아들인다. 그러한 이유로, 지나치게 세율이 높을지라도 간

접세는 군중들이 쉽게 받아들인다. 왜냐하면 간접세는 매일 소비
물자에 얹혀서 조금씩 지불되어 군중의 습성을 바꾸지 않으므로
군중을 이를 눈치채지 못한 채 지나치기 때문이다. 이를 임금이나
다른 종류의 소득에 비례하여 일시불로 지급하는 부과세로 바꿀
경우에는 이 새로운 과세가 이론적으로 앞서의 간접세보다 10분
의 1밖에 안 되는 적은 액수일지라도 납세자들은 누구나 반발하고
일어설 것이다. 이러한 일은 사람의 눈을 끌지 않는 소액의 지출
대신에 막대한 것으로 여겨지는 다액의 지출, 따라서 대중의 상상
력을 자극할 만한 지출을 요구하기 때문에 일어난다. 평소에 소액
씩 저축해둔다면 새로운 세금은 부담이 가벼운 것으로 느껴질 것
이다. 그러나 대중은 이러한 경제적 과정을 통찰할 능력이 없다.

앞에 든 경우는 가장 간단한 사례이다. 그 이치는 쉽사리 알
수 있다. 나폴레옹과 같은 심리학자는 그 역학을 놓치지 않았다.
그러나 군중의 특성에 무지한 현대 정치인들은 이를 바로 이해하
지 못한다. 인간은 결코 순수한 이론의 가르침에 따라 행동하지
않는다는 것을 그들은 경험을 통해 충분히 배우지 못한 것이다.

군중심리를 실제에 응용한 다른 예들은 많다. 군중심리학에
대한 지식은 그것 없이는 전혀 이해할 수 없는 많은 역사적·경제
적 현성을 가장 밝게 조명해준다. 뒤에 언급할 기회가 있겠지만,
가장 뛰어난 근세사가인 히폴리트 아돌프 텐(Hippolyte Adolphe
Taine, 1828~1893, 프랑스의 문예비평가이자 역사가)이 때로 프랑스
혁명 때의 사건을 완전히 이해하지 못한 이유는 그가 군중의 특성
을 연구할 생각조차 하지 않았기 때문이다. 그는 이 복잡한 시대

를 연구하는 지침으로써 자연주의자들의 서술적 방법을 채택했다. 그러나 자연주의자들이 연구해야 하는 현상에서는 도덕적 힘 같은 것을 찾아볼 수 없다. 그러나 역사의 진정한 주요 원인을 이루는 것은 바로 이 도덕적인 힘이다.

따라서 실제적인 면에서만 보더라도 군중심리는 연구할 만한 가치가 있다. 비록 이에 대한 관심이 순수한 호기심에서 비롯되었다고 하더라도 주목할 만한 가치가 있다. 인간 행동의 동기를 밝혀보는 것은 광물이나 식물의 성질을 연구하는 것과 마찬가지로 흥미로운 일이다. 군중의 특성에 관해서 이 책에서 검토하려는 것은 우리 연구의 간략한 요약 정도이다. 단지 몇 가지의 암시적인 견해만 제시할 것이다. 이 연구의 완성은 다른 사람이 맡아서 해주어야 할 것이다. 이제 우리는 이 책에서 거의 처녀지에 가까운 이 분야의 표면에 겨우 괭이질을 시작하게 될 것이다.

군중심리의
특성

전율할 군중의 특성

일반적으로 '군중'이라 하면 개인의 집단을 가리키며, 국적이나 직업, 남녀의 구분, 모이게 된 동기에 구애되지 않는다. 그러나 심리적 관점에서는 '군중'이라는 말이 다른 의미를 갖는다. 어떤 특수한 상황에서는, 그리고 그러한 상황에서만이 인간의 집단은 그 집단을 구성하는 개인의 성격과는 전혀 다른 성격을 나타내는 것이다.

집단화된 모든 개인의 감정과 사상은 하나의 동일한 방향을 향하게 되고 각 파의 의식적 성격은 종적을 감추며 새로운 집단심리가 발생한다. 이 집단심리는 일시적인 것이지만 명확한 특징을 보인다. 이처럼 형성된 집단을, 더 적당한 표현이 없으므로 '조직화된 군중'이라 부를 생각이며, 무방하다면 '심리적 군중'이라 명하고 싶다. 군중은 단일의 개체를 구성하며 '군중의 정신 일치의 법칙'에 지배된다.

단지 다수의 개인이 동일한 장소에 우연히 모였다는 사실만으로 그것이 곧 '조직화된 군중'이 되지 않는다는 것은 명백한 사실이다. 가령 1000명의 사람들이 뚜렷한 목적이 없이 광장에 모였다 해도 심리학적 측면에서는 군중이 될 수 없다. 그러한 군중이 심리적 특성을 가지려면 어떤 유인이 작용해야 하며, 우리는 그 유인의 본질이 무엇인지 규명해야 할 것이다.

각자의 의식적 성격의 상실과 감정 및 사상의 방향 전환은 조직화된 군중의 일차적인 성격이기는 하지만, 다수의 개인이 동일한 장소에 모여야만 발생하는 심리 현상은 아니다. 수천 명의 분산된 개인들도 어떤 순간 — 예컨대 국가적 중대 사태 — 에 어떤 격렬한 감정의 영향을 받아 심리적 군중의 특성을 드러내게 된다.

이 경우에 아주 우연한 기회가 이들로 하여금 즉각 군중의 행동으로 나오게 만들어버린다. 또 어떤 순간에는 대여섯 사람이 심리적 군중을 형성하는가 하면, 수백 명이라도 우연히 모이면 심리적 군중이 되지 않는다. 이와는 반대로 전체 국민은 가시적 집단이 될 수 없는데도 어떤 감화 작용을 받아 군중이 되는 수가 있다.

심리적 군중이 일단 형성되면 이들은 일시적이되 그러나 명확한 일반적 성격에 특수성격이 수반되는데, 이 특수성격은 군중을 형성하는 구성분자에 따라 다르며 군중의 심리구조를 결정한다. 이 한계에서 비로소 군중은 분류가 가능하게 되며, 이 문제를 본격적으로 다룬 3장에서는 상이한 구성분자로 이루어지는 이질적 군중과 비교적 비슷한 구성분자(당파, 신분, 계급)로 이루어지는 동질적 군중이 서로 어떤 공통적 성격을 지니는 동시에 각자 그러한 공통성에 나름의 특수성을 수반함으로써 식별되고 있음을 알게 될 것이다.

그러나 군중의 차이점을 파고들기 전에 우선 군중의 공통점을 알아봐야 할 것이다. 그러려면 박물학자들의 작업 방식을 따르는 것이 무난하다. 박물학자들은 과(科)에 속하는 속(屬)과 종(種)의 일반적 특성을 밝힌 다음에 속과 종의 구분으로 들어간다.

군중의 심리를 정확히 서술한다는 것은 쉬운 일이 아니다. 왜냐하면 군중의 조직은 민족성과 구조에 따라 다를 뿐 아니라, 군중을 지배하는 자극 유인의 성격과 강도에 따라서도 달라지기 때문이다. 이러한 어려움은 개인에 대한 심리적 연구에서도 마찬가지로 나타난다. 어떤 개인이 일관된 성격으로 일생을 살아간다는 것은 소설에서나 볼 수 있는 일일 것이다. 성격의 표면적인 불변성은 환경의 불변성에서만 가능할 것이다. 나는 모든 심리적 구조에 어떤 환경의 급작스러운 변화에서만 드러나는 성격들이 잠재되어 있다는 것을 다른 곳에서도 지적한 적이 있다. 이는 프랑스 혁명기의 국민공회(1792~1795)에서 가장 사나운 의원 가운데 평소 온순한 시인이었거나 점잖은 공증인이었거나 덕망 있는 법관이었던 사람이 많았다는 사실을 통해서도 잘 설명된다. 태풍이 지난 다음에 이들은 평상시의 조용한 성격으로 되돌아갔고 법을 지키는 시민이 되었던 것이다. 나폴레옹의 가장 충직한 부하가 된 것도 바로 이들이었다.

군중의 조직화 과정을 단계별로 하나하나 연구해간다는 것은 사실상 불가능한 일이므로 완전한 조직화에 이른 군중에 대해 집중적으로 파고드는 것이 좋을 것이다. 이러한 방법을 통해 우리는 군중의 불변적인 존재가 아닌 군중의 태동을 알게 될 것이다. 민족의 불변적이고 지배적인 성격을 밑으로 깔아버리고 군중의 성격이 두드러지게 나타나는 것은 바로 이러한 진전된 조직 단계에서이며, 이미 언급한 바 있는 집단의 감정과 사상이 한 방향으로 기울어지는 것도 이때이다. 앞에서 말한 '군중의 정신 일치에 관한 심리적 법칙'도 바로 이러한 상황에서만 작동하기 시작한다. 군중의 심리적 특징 가운데는 고립된 개인과 공통되는 것도 있지만, 반대로 군중에게만 있고 집단성에서만 나타나는 특성도 있다. 우리가 연구하려는 것은 바로 이 특성이며, 무엇보다 이 특성의 중요성에 초점을 맞추게 될 것이다.

심리적 군중에서 나타나는 가장 두드러진 특징은 다음과 같이 말할 수 있다. 군중을 형성하는 개인이 누구이든, 그들의 생활양식이나 직업, 성격, 교양이 비슷하든 비슷하지 않든 간에 그들이 군중이 되었다는 사실 자체가 그들로 하여금 일종의 집단심리를 갖게 하며, 여기에서 사람들은 평상시의 개인이었을 때와는 전혀 다르게 느끼고 생각하며 행동하게 된다. 개인이 군중을 형성할 때가 아니면 결코 나타나거나 행동화되지 않는 사상과 감정들이 존재한다. 심리적 군중은 그때그때 이질분자가 결합해 구성되는데, 그것은 생물체를 구성하는 세포들이 재결합을 통해 새로운 생물체를 구성할 때 이들 세포가 개별적으로 존재할 때와는 전혀 다른 성격을 갖는 것과 전적으로 동일한 이치이다. 군중을 구성하는 총체에 구성분자 간의 개요성(概要性)이나 균제성(均齊性)이 존재하지 않는다는 등의 주장이 허버트 스펜서(Herbert Spencer, 1820~

1903, 영국의 사회철학자. 사회학의 창시자 중 한 명으로 사회진화론에서 사회유기체설을 주장했다) 같은 예리한 철학자로부터 나왔다는 것은 놀라운 일이 아닐 수 없다. 실제로 일어나고 있는 현상은 두 개의 상이한 원소, 예를 들면 염기와 산이 접촉할 때 투입한 원소와는 전혀 다른 성질을 지닌 새로운 화합물이 생기는 것과 같은 것으로 많은 사람이 모여 군중을 이루며 전혀 다른 성격을 갖게 된다.

군중의 일부를 형성하는 개인과 고립된 개인이 얼마나 다른지를 증명하기는 쉬워도 그러한 차이를 가져온 원인을 밝히기란 그리 간단하지 않다.

그러한 차이의 원인을 어느 정도 대략적으로나마 파악하기 위해서는 근대 심리학이 입증해낸 사실, 즉 유기체의 생활에서뿐 아니라 지능 작용에서도 무의식적 현상이 압도적인 역할을 한다는 사실을 염두에 두어야 할 것이다. 무의식적인 생활에 비교하면 의식적 생활은 하찮은 정도에 지나지 않는다. 아무리 예리한 분석가라도, 또 아무리 치밀한 관찰자라도 자신의 행동을 결정하는 지극히 미미한 동기 이외의 것을 발견하는 일은 드물다.

우리의 의식적 행동이라는 것도 주로 유전의 영향에 좌우되는 심리의 무의식적 저변(substratum)의 소산에 불과하다. 이러한 심리적 무의식의 '저변'은 세대에서 세대로 전승된 무수한 공통적인 성격으로 이루어지며, 이것이 민족의 성향을 결정한다.

우리의 공공연한 행동 동기의 배후에는 드러나지 않는 비밀의 동기가 반드시 숨겨져 있으며, 이 감춰진 동기의 배후에는 우리가 의식하지 못하는 또 다른 동기들이 도사리고 있다. 일상적인 행위의 대부분은 우리가 간파하지 못하는 숨겨진 동기에서 연유한다.

같은 민족에 속하는 모든 개인이 서로 닮고 같은 성향을 보이는 것은 이러한 무의식적 요소와 관계되며, 이들 개인이 서로 다른 것은 성격의 의식적 요소 ― 교육의 효과, 그리고 좀 더 두드러지는 유전적 조건 ― 와 관련된다.

지성(知性)의 면에서 전혀 다른 사람들도 아주 유사한 본능, 격정, 감정을 가지고 있다. 감정의 영역 ― 종교, 정치, 도덕, 애정과 증오 등 ― 에 속하는 사항에서는 가장 고매한 인간도 가장 평범한 사람의 수준을 넘어서는 일이 드물다. 지적 차원에서는 위대한 수학자와 제화공이 하늘과 땅의 격차를 보일 수도 있겠지만, 양자의 성격적 차원에서는 격차가 미미하거나 전무한 것이다.

바로 이러한 내용의 일반적 성격은 우리가 의식하지 못하는 가운데 우리를 지배하는 힘이자 민족의 정상적인 대다수 개인이 똑같이 가지고 있는 것으로, 곧 군중의 공통적 기질인 것이다. 집단심리에서 개인의 지능, 즉 개성은 약해진다. 동질성을 압도하고 무의식적 특질이 지배권을 행사한다.

군중은 왜 무책임하고 난폭해지는가

군중이 공통적으로 평범한 자질을 갖는다는 사실 그 자체가 왜 군중이 고도의 지성(知性)을 요구하는 행동을 하지 못하는지를 설명해준다. 전반적인 이해관계에 영향을 주는 결정이 저명한 인사들의 모임에서 내려지고 있지만, 그러나 제각기 다른 길을 걸어온 전문가들이기 때문에 이들의 결정이 우매한 사람들의 모임에서 내려진 그것보다 월등히 뛰어난 것은 아니다. 왜냐하면 이들은 다 같이 평균적 인간의 범용한 자질로 그러한 문제를 다루려들기 때문이다.

군중 속에 누적되는 것은 우둔이지 타고난 지혜가 아니다. 흔히 볼테르보다 전 세계가 더 많은 지혜를 갖는다고들 이야기하지만, 만약 '전 세계'가 군중을 의미한다면 분명히 전 세계보다는 볼테르가 더 많은 지혜를 가진 사람일 것이다.

만약 군중 속 개인들이 다 같이 제각기 지닌 범용한 자질을 발산하는 데 그친다면 평균의 연속일 뿐 우리가 실제로 일어난다고 말해온 새로운 성격의 대동은 있을 수 없을 것이다. 그렇다면 군중의 특성은 어떻게 형성되는가? 우리는 바로 이 문제를 다루려는 것이다.

개인에게는 나타나지 않고 군중에게만 특별히 나타나는 특성을 부각시키는 원인에는 여러 가지가 있다.

첫 번째는 군중을 형성하는 개인이 오직 수적인 요인만을 생각한 나머지 수적인 힘을 느끼게 되고 혼자 있을 때는 억제했던 본능을 마구 발산한다는 것이다. 일단 그렇게 되면 군중이 익명적이고 무책임하다는 고려에서 자신을 억제할 그러한 입장이 아니기 때문에 책임감이라는 것이 전적으로 소멸해버린다.

두 번째 원인은 이른바 감염성인데, 이것 역시 군중의 특성이 노출되도록 작용해 군중의 향방을 결정한다. 감염 현상을 지적하기는 어렵지 않지만, 그것을 설명하기란 어렵다. 아무래도 최면 상태의 일종이라고 볼 수밖에 없는데, 이에 대해 간략히 분석하기로 한다.

군중에게 모든 감정과 행동은 감염성을 갖고 있으며, 집단 이익을 위해 개인 이익을 희생할 정도로 감염성은 대단하다. 이는 그의 본성과는 전혀 어긋나는 재능이며, 사람이 군중의 일원이 되는 경우가 아니라면 좀처럼 해내기 어려운 일이다.

가장 중요한 세 번째 원인은 고립된 개인으로 있을 때와는 전혀 다른 특성을 띠는 군종 속 개인을 태동시킨다는 점이다. 그것을 나는 피암시성(被暗示性, suggestibility)이라고 부르고 싶은데, 알고 보면 앞서 말한 감염성이라는 것도 피암시성의 효과에 지나지 않는다.

이러한 현상을 이해하려면 최근의 생리학적 발견을 염두에 둘 필요가 있다. 우리는 오늘날 개인이 여러 과정을 거쳐 자신의 의식적인 개성을 완전히 상실하는 상태로 유도되어 자신의 개성을 빼앗아간 신호수의 지시에 이끌리며, 그의 성격이나 습관과는 완전히 반대되는 행동을 하게 된다는 사실을 알고 있다.

아주 신중하게 관찰해보면 한참 동안 군중 속에서 행동하는 개인은 — 군중이 발산하는 마법적인 감화인지, 아니면 우리가 알 수 없는 어떤 원인에서인지 — 최면에 걸린 사람이 최면술사가 시키는 대로 움직이는 감응 상태와 비슷한 경지에 빠져든다. 최면술에 걸린 사람의 뇌신경은 마비되어 있기 때문에 최면술사가 마음대로 조작할 수 있어 무의식적인 척추신경의 노예가 된다. 의식적인 인격은 완전히 사라지고 의지와 판단력을 상실한다. 감정과 사상도 최면술사가 지시한 방향으로 따라갈 뿐이다.

심리적 군중에 참가하고 있는 개인 역시 비슷한 상태라 할 수 있다. 이러한 개인은 자신의 행동을 의식하지 못한다. 그의 경우도 최면술에 걸린 사람과 마찬가지로 어떤 기능이 파괴되는 동시에 다른 어떤 기능은 고도로 격앙된다.

암시에 감화되어 누구도 막지 못할 파죽지세로 행동에 들어간다. 이러한 맹렬한 힘은 최면술에 걸린 사람보다 군중의 경우가 훨씬 위력적인데, 그것은 암시가 모든 사람에게 똑같이 감화되어 군중의 모든 개인이 상호작용하는 힘을 얻기 때문이다.

군중 속의 개인들이 암시에 충분히 저항할 만한 개성을 가질 수도 있겠지만 대세와 싸우기에는 수가 모자란다. 기껏해야 다른 암시를 던져 방향 전환을 시도할 수 있을 뿐이다. 어떤 이미지가 요행히 환기시킨 교묘한 표현이 때로는 군중을 잔인한 행동에 들어가지 않도록 방지하는 경우가 바로 그러한 방법의 하나이다.

이 밖에도 의식적인 인격의 상실, 무의식적인 개성의 지배, 암시와 감염에 의한 감정 및 사상의 획일화, 암시된 사상의 즉각적 행동화 경향 등등이 군중 속의 개인이 갖는 기본 성격이다.

군중 속의 개인은 자기 상실 상태이며, 자신의 의지와 단절되어버린 자동기계이다.

더구나 조직화된 군중에 참여했다는 사실 자체로도 인간은 문명의 사다리 몇 계단을 내려와 버린다. 홀로 있을 때는 교양 있는 사람들도 군중이 되면 본능에 따라 움직이는 야만인이 되어버린다. 그는 원시인의 자발성과 난폭성, 나아가 광신과 영웅주의를 발산하며, 심지어 고립된 개인에게는 전혀 영향을 주지 못할 언어와 이미지에 감화되는 면에서도 원시인을 더욱 닮아 가장 명백한 자신의 이익이나 널리 익숙한 관습에 위배되는 행동을 서슴지 않는다. 군중 속의 개인은 수많은 모래더미의 한낱 모래알 같아서 바람결에도 맥없이 흩날린다.

바로 이 때문에 배심원의 일단이 개인적으로는 결코 승복하지 않을 판결을 서슴없이 내리고 의원 개인으로서는 인정하지 못할 법안이나 정책을 의회가 채택하는 것이다. 개별적으로 보면 국민공회의 의원들은 천성이 어진 사람들이었다. 그러나 일단 군중에 합세하자 이들은 가장 잔인한 제안에 찬동했고 가장 죄가 없는 사람을 기요틴에 올렸으며, 그들의 이익에 역행해 자신들의 불가침권을 폐지하고 자신들을 파면시키는 데 앞장선 것이다.

군중 속 개인이 자기 자신과 달라지는 것은 행동에서뿐만이 아니다. 그의 독자성을 완전히 상실하기 이전에 사상과 감정의 전환이 일어나고 이러한 전환은 인색한 사람을 낭비하는 사람으로, 회의주의자를 신앙인으로, 정직한 사람을 범죄자로, 비겁한 자를 영웅으로 만들어버릴 만큼 철저하다. 1789년 8월 4일 밤 격앙된 순간에 귀족들은 자신들의 특권을 폐기하는 제안에 찬성하고 나섰는데, 의원 개인적으로는 어느 누구도 동의하지 않았을 것이 분명하다.

지금까지의 결론을 요약하면, 군중은 지적으로 고립된 개인에게 뒤지기 마련이라는 것, 그러나 감정과 그러한 감정이 야기하는 행동의 관점에서 보면 군중은 상황에 따라 개인보다 상위일 수도 하위일 수도 있다는 것이라 하겠다. 모든 것은 노출된 개인에게 미치는 암시의 성격에 좌우된다. 늘 범죄적 관점에서만 군중을 보아온 작가들은 바로 이 점을 완전히 잘못 판단한 것이다.

군중이 때로 범죄적이라는 것은 두말할 것도 없지만, 그럼에도 영웅적일 때도 적지 않다. 신조와 사상의 승리를 굳히기 위해 생명을 걸고, 명예와 영광을 위해 처형장에 서며, ─ 십자군 시대처럼 대부분이 빵과 무기도 없이 ─ 이교도로부터 예수의 무덤을 지키기 위해 나서고, 1793년 때처럼 조국을 지키기 위해 앞장선 것은 고립된 개인보다는 군중이었다.

그러한 영웅주의가 무의식적인 것임은 틀림없지만 역사를 창조하는 것은 바로 그러한 영웅주의이다. 냉철하게 행동한 사람만이 위대한 행위자로 간주된다면 역사의 기록에 남을 사람은 극소수에 지나지 않을 것이다.

군중의 감정과 도덕

지금까지 개략적으로 군중의 중요한 특성을 밝혔으므로 이제부터는 이러한 특성의 구체적인 내용을 알아볼 차례가 되었다.

주목해야 할 사실은 군중의 특성 가운데 몇 가지, 예를 들면 충동이나 흥분, 분별력 상실, 감정 팽배 등이 여자나 미개인, 어린아이 같은 발달의 열등 유형에 속하는 이들에게서 볼 수 있는 것들이라는 점이다. 그러나 나는 이러한 유추를 부수적으로 서술했을 뿐 그것에 대한 예증은 이 책의 범주에 속하지 않는 것으로 믿는다. 더구나 그러한 분석은 원시인의 심리에 정통한 사람에게는 무용한 일이고, 그것을 전혀 모르는 사람에게 어떤 확신을 심어주는 일도 불가능한 일이 아닌가 한다.

이제부터 많은 군중에게서 찾아볼 수 있는 여러 가지 특성을 차례로 검토해갈 것이다.

군중은 충동의 노예다

군중의 기본 성격을 언급할 때 나는 군중이 무의식적 동기에 이끌린다고 지적한 바 있다. 군중의 행동은 두뇌의 영향보다는 척추(충동)의 영향을 훨씬 크게 받는다. 이러한 점에서 군중은 원시인과 아주 가깝다. '해냈다'는 점에 관한 한 이들이 수행하는 행동은 완벽에 가까우나 두뇌의 지시를 받은 것은 아니며, 개인의 행위는 이들이 맹종하는 유인(誘因)의 우연한 결정에 따를 뿐이다. 군중은 외부의 유인에 지배되고 이러한 유인의 부단한 변화에 민감한 반응을 보인다.

군중은 스스로가 받아들이는 충동의 노예이다. 고립된 개인도 군중 속의 인간과 마찬가지로 같은 유인에 지배당할 수 있다. 그러나 그의 두뇌가 유인에의 맹종이 부당하다는 것을 인식하기 때문에 그러한 자극에 끌려가지 않는다. 이것을 생리학적으로 표현하면 독자적인 개인은 반사행위를 제어할 능력이 있으나 군중은 그러한 능력을 갖지 못한다고 말할 수 있다.

군중을 충동하는 것은 여러 가지가 있으며, 유인의 종류에 따라 관대할 수도 있고 잔인할 수도 있으며 비겁할 수도 있고 영웅적일 수도 있지만, 그러한 충동은 대단히 독단적이어서 개인의 이익, 심지어 자기 보존의 이해(利害)까지도 아랑곳하지 않는다.

군중에게 작용하는 유인이 다양하고 군중이 이를 맹종하기 때문에 군중은 지극히 유동적이다. 따라서 군중은 가장 살벌한 잔인성에서 가장 극단적인 관용 또는 영웅주의로 순식간에 변신해 버린다. 군중은 쉽게 처형자의 역할을 맡는가 하면, 또 쉽게 순교자가 된다. 온갖 신념의 승리를 위해 유혈 참극을 연출한 것은 항시 군중이었다. 이러한 군중의 실화(實話)를 알기 위해 먼 영웅주의 시대로까지 거슬러 올라갈 필요는 없다.

군중은 봉기에서 자신의 생명을 아끼지 않는다. 한 장군이 갑자기 명성을 얻게 되자 즉각 수십 명의 민중이 요구만 있으면 장군을 위해 목숨을 바칠 각오를 보였던 것이다. *

따라서 군중이 사전에 신중성을 보이는 일이란 생각할 수도

* 여기서 언급한 장군은 프랑스의 조르주 에르네스트 불랑제(Georges Ernest Boulanger, 1837~1891)이다. 군인이자 정치운동가였던 그는 부하를 사랑하는 애국주의자로서 보불전쟁에서의 패배를 설욕해야 한다는 주장으로 인기가 대단했다. 1888년과 1889년에 그의 정치세력이 정부에 위협이 되자 그에 대해 반역죄 혐의로 체포령이 내려졌고, 그는 벨기에로 망명해 자신의 하녀였던 정부(情婦)의 무덤에서 권총으로 자살했다. 이른바 불랑시즘으로 불리게 된 당시 민중운동은 프랑스판 나치즘으로 평가되며, 민중의 집단 히스테리를 교묘히 이용한 표본적 사례로 언급된다. ─옮긴이

없는 것이다. 그들은 계속해서 전혀 상반된 감정의 선동으로 고무되지만, 항시 순간적 유인의 영향하에 놓이게 된다. 군중은 나뭇잎과 같아서 강풍이 불면 치솟아 올랐다가 사방으로 흩어져 떨어진다. 나중에 혁명적 군중을 다루는 자리에서 이들의 감정적 가변성에 대해 약간의 실례를 들어볼 생각이다.

이러한 유동성 때문에 군중은 통제하기가 어렵고 공식적 권력 수단을 이들이 장악했을 때는 더욱 다루기가 힘들다. 일상생활의 필요성이 일종의 보이지 않는 생존의 조정자 구실을 하지 않을 때, 민주국가는 존속이 불가능할 것이다.

비록 군중의 열망이 광란성을 보이기는 하지만, 그것이 오래가지는 못한다. 군중은 장시간 사고하거나 추적하는 능력이 없기 때문이다.

군중은 단순히 충동적이고 유동적인 데 그치지 않는다. 그들은 미개인과 마찬가지로 열망과 열망의 실현 사이에 장애물이 가로놓일 수 있다는 사실을 인정하려 들지 않는다. 이러한 장애물에 대한 이해력 부족은 수적인 힘에서 느끼는 무적의 힘이라는 과신에서 온다. 군중 속 개인은 불가능이라는 개념을 모른다. 독자적인 개인은 자기 혼자만으로 왕궁에 불을 지른다거나 상점을 약탈할 수 없다는 것을 잘 알고 있으며, 그러한 유혹을 받는다 해도 즉각 거절할 것이다.

군중의 일부가 된 개인은 수적 힘을 의식해 살인이나 약탈의 암시만 주어지면 즉각 유혹에 빠져든다. 뜻밖의 장애에 부딪히면 광인과 같은 분노로 격파해버린다. 만약 인체의 기관이 분노의 지속을 허용한다면 열망의 성취에 실패한 군중의 정신적 상황은 바로 그러한 분노의 상태가 될 것이다.

우리의 모든 감정 발산에서 영원한 원천이 되고 있는 민족의 기본 성격은 군중의 흥분, 충동, 유동성에도 영향을 주며, 앞으로 고찰하게 될 대중 감정에도 영향을 준다. 모든 군중은 언제나 흥분하고 충동적임에는 틀림없으나 상당한 정도의 차이가 있다. 예를 들어 앵글로색슨족 군중과 라틴족 군중 간의 차이는 아주 심하다. 라틴계인 프랑스 역사에 등장한 최근의 한 사실은 이 점을 명백히 해주고 있다.

25년 전(1870년) 대사(大使)에게 전달되었다는 모욕적 내용의 언사에 관한 전보 한 장이 공표되자 분노가 폭발해 즉각 무서운 전쟁(보불전쟁을 말한다―옮긴이)이 일어나게 되었다. 수년 후 랑선(베트남 지명―옮긴이)의 대단치 않은 패전 소식을 전한 전보 한 장에 또다시 분노가 폭발해 당장 정부를 전복시키고 말았다. 같은 시기에 영국 원정군은 수단의 하르툼에서 훨씬 심각한 패배를 당했는데도 영국에서는 가벼운 술렁임이 있었을 뿐, 각료 한 사람도 바뀌지 않았다. 군중은 어디서나 여성적 성격을 보이지만, 그 가운데서도 라틴족이 가장 두드러진다. 그들은 신뢰하기만 하면 누구나 하루아침에 장엄한 운명을 성취할 수가 있다. 그러나 그것은 언젠가는 추락하고 말 타르페이아의 절벽(로마의 반역자를 처형하던 곳―옮긴이)을 한없이 걷는 것과 마찬가지라 할 수 있다.

암시에 쉽게 이끌리는 군중

우리는 군중에 대한 정의를 내리면서 그들의 일반적 성격이 과도한 피암시성에 있음을 언급하고, 피암시성이 인간 집단에서 얼마나 감염성이 있는지 살펴보았다. 감염성이라 함은 일정한 방향으로 군중의 감정이 급선회하는 것을 말한다.

아무리 무관심한 듯한 군중이라도 그들은 기대긴장의 상태에 있기 때문에 암시에 쉽게 이끌린다. 최초의 암시가 공식화되면 즉각 감염 과정을 통해 집합된 모든 사람의 뇌리에 박히게 되고 군중감정의 동일한 방향으로의 전환은 기정사실이 되어버린다.

모든 사람이 암시의 영향하에 있을 때, 흔히 그렇듯이 일단 머리에 새겨진 사상은 곧장 행동화하려는 경향을 보인다. 왕궁에 불을 지르는 일이든 자기희생을 하는 일이든 군중은 가리지 않고 쉽게 덤벼든다. 모든 것은 유인의 성격에 좌우될 뿐, 암시된 행동과 그러한 행위의 실현을 반대하는 모든 이유 간에 존재하는 어떤 연관성과는 전혀 무관하다.

따라서 군중은 영원히 무의식의 주변을 방황하게 되고, 암시에 맹종하여 이성적 판단에 묻는 능력이 없는 사람의 특징이라 할 수 있는 폭력적 감각을 지니고 있으며, 비판력을 상실하기 때문에 하릴없이 과도한 경신성(輕信性)에 빠질 수밖에 없는 것이다. 군중의 머릿속에는 애매하다는 등의 생각이 아예 없다. 황당무계한 전설이나 설화가 수월하게 창조되고 전파되는 사정을 이해하려면 이러한 상황을 확실하게 염두에 두어야 한다.*

어처구니없는 신화 같은 것이 창조되는 것은 비단 쉽게 믿어버리는 데서만 오는 것이 아니라, 사건이 군중의 상상력과 뒤범벅되어 진행되는 동안 엄청난 곡해가 발생하는 데에도 원인이 있다. 아주 단순한 사건도 군중의 관찰에 맡겨지면 엄청나게 변질되어 버린다. 군중은 상상력으로 판단한다. 상상력이 상상을 불러일으키는 연쇄반응을 몰고 오는데, 처음의 상상과는 아무런 논리적 연관성이 없게 된다.

우리가 어떤 사실을 상기하는 경우에 흔히 부딪히는 환상적 상념의 연쇄를 되새겨보면 그러한 상황이 쉽게 이해될 것이다. 그러한 상상이 앞뒤가 전혀 맞지 않는다는 것을 우리는 이성을 통해

---

* 파리 포위를 겪은 사람들은 군중의 경신성에 대한 많은 실례를 목격했다. 어떤 집 위층에 촛불이 켜지자 군중은 그것이 곧 포위군에게 보내는 신호가 틀림없다고 추측하게 되었는데, 잠깐만 생각해보아도 한 개의 촛불에서 나오는 빛으로 몇 킬로미터 밖까지 신호를 전달할 수 없다는 것은 너무나 명백한 사실이다.

깨닫지만, 군중은 그러한 사실을 전혀 알지 못하며 상상력에 의해 곡해된 행위가 야기한 사건과 실제의 사건을 혼동한다.

군중은 또한 주관적인 것과 객관적인 것을 거의 구분하지 못한다. 군중은 마음속에 솟아오르는 상상을 현실로 받아들인다. 물론 그것은 목격된 사실과는 아주 소원한 관계밖에 없다는 이유 때문이기도 한 것이다. 집단을 구성하는 개인들의 기질이 천차만별이기 때문에 관찰한 사건을 변형시키는 방법이 무수하고 서로 다르지 않겠는가 하고 추측해볼 수 있다. 그러나 사실은 그렇지가 않다.

집단화된 개인에게는 감염성 때문에 사건의 곡해 방식이 동일하고 똑같은 형태로 나타난다. 집단에 참가한 한 개인에 의한 최초의 곡해가 감염적 암시의 출발점이 된다. 성 게오르기우스가 모든 십자군이 지켜보는 가운데 예루살렘 성벽 위에 나타나기 이전에 이미 군중 가운데 누군가 한 사람에 의해 그것이 분명하게 감지되었을 것이다. 암시와 감염의 힘으로 한 사람이 던진 기적의 신호를 즉각 모든 군중이 받아들였던 것이다.

바로 이러한 것이 역사에 흔히 나타나는 집단적 환각의 메커니즘이다. 이러한 환각은 수천 명이 '환각적으로' 목격한 현상이기 때문에 모든 사람에게 진실한 것으로 인정된다.

이러한 주장을 반박하려면 군중을 형성하는 개인의 정신적 수준을 도외시해야만 할 것이다. 군중에 합류하게 되면 개인의 자질은 중요성이 없어진다. 군중 속의 개인은 배운 사람이든 못 배운 사람이든 관찰 능력을 즉각 상실한다. 이러한 명제는 역설적인 것으로 보일 것이다. 이것을 예증하려면 분명 수많은 역사적 사실을 조사할 필요가 있을 것이며, 몇 권의 책으로도 다 담아내지 못할 것이다.

그렇다고 논증 없는 주장이라는 인상을 주고 싶지는 않기 때문에 인용이 가능한 수많은 책 중에서 대충 잡히는 대로 몇 가지 실례를 제시해보고자 한다.

다음에 인용하는 실화는 가장 대표적인 것이라 할 수 있다. 왜냐하면 무식한 사람으로부터 고도의 교육을 받은 사람까지 다양한 계층으로 이루어진 군중이 속아 넘어간 집단적 환각 가운데서 뽑아낸 것이기 때문이다.

이는 우연하게도 해군 대위 쥘리앵 펠릭스(Julien Félix)가 해양의 조류에 관해 쓴 책에서 찾아낸 것인데, 앞서 ≪과학평론(Revue Scientifique)≫이라는 잡지에도 인용된 적이 있다.

프리기트함(대포를 갖춘 목조 쾌속정—옮긴이) 라 벨 풀(la Belle-Poule)호는 폭풍으로 인해 멀어진 순양함 르 베르소(le Berceau)호를 찾기 위해 공해를 항진하고 있었다. 태양이 눈부신 날의 대낮이었다. 돌연 감시원이 행동의 자유를 잃어버린 배 한 척을 발견했다는 신호를 보내왔다. 승조원들은 신호한 방향으로 일제히 시선을 집중했다. 사람들이 엉겨 붙은 뗏목이 조난 신호를 띄운 채 몇 척의 배들에 이끌려가는 것을 장교든 하사관이든 모두가 감지할 수 있었다. 물론 이것은 집단적 환각에 불과한 것이었다. 데포세 함장은 구명정을 내려 조난당한 수병들을 구하게 했다. 현장에 접근하면서 보트

위의 장교와 수병들은 "손을 내저으며 허우적거리는 수많은 인간들"을 보았고, "뭇사람들의 힘 빠진 아우성"을 들었다. 그러나 막상 그 지점에 도착했을 때 있던 것은 근처 해안에서 떠밀려온 나뭇잎으로 덮인 몇 개의 나뭇가지뿐이었다. 그처럼 명백한 증거 앞에서 환각은 사라졌다.

이미 설명한 바 있는 집단적 환각의 메커니즘이 어떻게 전개되는지를 보여주는 좋은 예라 할 수 있다. 기대긴장의 상태에 있는 군중이 있고 바다에 난파당한 배가 있다는 신호를 보낸 감시원의 암시가 있으면 이 암시는 감염의 힘으로 장교든 수병이든 현장에 있는 모든 이에게 받아들여지게 되는 것이다.

군중이 눈앞에 전개되는 것을 똑바로 관찰할 능력을 잃게 되고 사실 대신 비슷한 환각에 사로잡히는 경우는 군중의 수가 많은 경우에만 국한되지 않는다. 몇 사람만 모여도 즉시 군중이 될 수가 있으며, 그들이 비록 교육수준이 높은 저명한 사람들이라 하더라도 자신의 전문 분야가 아닌 문제에서는 철저하게 군중의 성격을 띠게 된다.

각 개인이 갖고 있는 관찰력이나 비판정신은 즉시 종적을 감춘다. 독창적 재능이 뛰어난 심리학자 다베(M. Davey)는 《심리학 연보(Annales des Sciences psychiques)》에 이 문제와 관련한 적절하고도 진기한 사례를 최근 인용했는데 좋은 참고가 된다.

다베는 최근 영국 과학계의 일인자인 앨프리드 월리스(Alfred Russel Wallace)를 비롯한 저명한 일단의 관찰자들을 불러들여 그들이 보는 앞에서 그들에게 물체를 직접 점검하게 하고 원하는 곳을 봉인하게 한 다음 강신술(降神術)의 법칙, 생령의 체현, 석판에 글씨 쓰기 등을 실제로 해서 보여주었다. 그다음에 이 저명한 관찰자들은 자기가 목격한 현상이 오직 초자연적 수단에 의해서만 가능하다는 것을 인정하는 보고서를 제출하게 되었고, 이를 입수한 다베는 그들에게 사실 그것이 눈속임에 지나지 않았다는 것을 알려주었다. 이 문제를 다룬 한 기사는 다음과 같이 말하고 있다.

다베의 연구조사에서 나타난 가장 놀라운 점은 속임수 자체의 신통함이 아니라, 풋내기 관찰자들이 작성한 보고서의 극단적인 취약성이다. 그렇다면 다수의 목격자도 상황에 따라서는 완전히 착오를 범할 수 있다는 것이 명백하다고 하겠는데, 결국 이들의 서술이 정확한 것으로 받아들여진다면 그들이 서술한 현상은 속임수로도 설명이 되지 않을 것이다. 다베가 발견한 방법은 대단히 단순하기 때문에 사람들은 그가 그러한 방법을 감히 동원한 것에 대해 경악을 금치 못할 것이다. 그러나 다베는 군중으로 하여금 보지도 않은 것을 본 것으로 믿게 하는 마력을 가지고 있다.

이와 비슷한 사례는 얼마든지 있다. 필자가 이 글을 쓰고 있는 지금 신문에는 센강에서 익사체로 발견된 어린 두 소녀의 이야기로 가득하다. 이 어린이들은 처음 대여섯 명의 증인에 의해 더할 수 없이 철저하게 확인되었다. 증인들의 확인이 완전히 일치했으므로 조금도 의심하지 않은 검찰관은 사망확인서를 발부했지만, 뜻밖에도 매장 절차가 진행되기 직전에 사망했다는 소녀들이 살아 있다는 사실이 발견되었고, 더구나 이들은 죽은 아이들과는 전혀 닮지 않았던 것이다. 앞에서 인용한 예에서 볼 수 있듯이 최초 증인의 확인 — 그 자신이 환각에 사로잡혀 있다 — 은 다른 증인에게 영향을 준다.

이와 비슷한 경우에서는 언제나 암시의 출발점이 막연한 개인의 추상이 빚은 환각이기 마련이며, 처음 이 환각이 확인되면서 감염이 나타난다. 만약 최초의 관찰자가 감수성이 강하면 자기가 확인한 것으로 믿는 시체가 — 실제로 닮았는지 여부와 관계없이 — 다른 사람에 대한 심상을 일깨워주는 상처나 의복의 어떤 구체적 특징 같은 특수성으로만 나타나는 것이다. 이렇게 해서 환기된 심상은 어떤 구체화의 핵이 되고 이것이 이해력에 침투되어 모든 비판 능력을 마비시킨다.

이렇게 되면 관찰자는 어떤 대상 자체를 보는 것이 아니라 마음에 환기된 이미지를 보게 된다. 최근 묵은 사건이 다시 신문에 등장하게 된 경우도 바로 어머니가 죽은 아이를 자기 자식으로 오인한 경우인데, 그러한 착각도 바로 이 때문에 일어난 것이다. 바로 여기에서도 내가 앞서 지적한 바 있는 두 종류의 암시에 의한 메커니즘이 정확히 노출되고 있다.

죽은 아이에 대해 어떤 아이가 확인했지만 그 아이는 판단 착오였다. 여기서부터 엉뚱한 확인이 연쇄적으로 진행되기 시작했다. 그런데 이상한 일이 벌어졌다. 어떤 학생이 시체를 확인한 다음 날 한 여인이 나타나 "아이고 내 아들아!" 하며 절규했다. 그 여인은 시체가 있는 곳으로 안내되어 시체의 옷을 살피고 이마의 흉터를 보자 "틀림없이 내 아들이에요. 지난 7월에 집을 나갔습니다. 어느 놈에게 끌려갔길래 죽어서 오다니"라고 소리 질렀다. 여인은 풀가(街)에 사는 사방드레라는 이름의 품팔이꾼이었다. 그의 시동생도 소환되어 조사를 받았으며, 시체에 대해 묻자 "필리베르가 틀림없다"라고 대답했다. 같은 동네에 사는 몇몇 사람도 불러 확인시켰는데 그들 역시 필리베르가 분명하다고 증언했다. 그중에는 초등학교 담임선생도 끼어 있었는데 그 역시 같은 대답을 했고, 죽은 아이가 차고 있던 메달을 증거물로 들었다. 그러나 동네 사람이고 시동생이고 담임선생이고 심지어 어머니라는 여인까지도 판단 착오를 범하고 있었다. 6주 후 죽은 아이의 신원이 밝혀졌다. 죽은 아이는 포르도에 주소를 두고 있었고 그곳에서 살해되었으며 운반회사에 의해 파리로 옮겨졌던 것이다(*Éclair*, 1895.4.21).

주목해야 할 것은 이처럼 확인이 흔히 아녀자들, 좀 더 정확히 표현하면 가장 감수성이 예민한 계층의 사람들에 의해 행해진다는 사실이다. 여기에서 알 수 있는 것은 그러한 증언이 법정에서 행해질 때 얼마나 믿기 어려운 것인가 하는 점이다.

어린이가 증언하는 일은 가급적 피해야 할 것이다. 법관들은 어린이는 거짓말을 하지 않는다고 입버릇처럼 말한다. 만약 법관들이 기초적인 심리학의 교양을 조금이라도 갖추었더라면 오히려 아이들이란 한결같이 거짓말을 한다는 것을 알 수 있었을 것이다.

물론 그러한 거짓말은 착각에 의한 천진난만한 것이지만, 거짓말은 거짓말이다. 흔히 볼 수 있는 어린이의 증언에 의해 판결하는 것보다 동전을 던져 피고인을 심판하는 것이 더 나을지도 모른다.

군중의 증언은 믿을 것이 못 된다

다시 군중의 관찰 능력 문제로 되돌아가보자.

결론을 이야기하자면 군중의 집단적 관찰은 오류투성이라는 것, 이들의 관찰은 거의 감염의 과정을 통해 한 개인이 집단에 암시한 환각에 지나지 않는다는 것이다. 군중의 증언은 전혀 믿을 것이 못 된다는 실증은 얼마든지 있다.

25년 전 보불전쟁 당시 스당 전투에서는 유명한 기병대의 돌격이 있었는데, 전투원이 2500명이나 있었지만 목격자들의 증언이 엇갈려 누가 이 돌격을 지휘했는지는 아직도 확정되지 않고 있다. 영국의 울즐리(Garnet Wolseley) 장군은 최근 한 저서에서 지금까지 워털루 전투의 가장 중요한 사항이 중대한 오류에 빠져 있음을 논증했는데, 그 문제는 이미 수백 명이 증언한 바 있는 사항이다.*

이러한 사실은 군중의 증언이 갖는 가치가 어떤 것인가를 말해준다. 논리학적 이론은 사실의 정확성을 증명하는 가장 중요한

증거의 범주로서 다수 증인의 일치를 꼽는다. 그러나 군중심리가
무엇인지 알고 나면 이 점에 대한 논리학적 논증은 수정되어야 한
다는 것을 깨닫게 될 것이다.

가장 많은 사람이 목격한 사건이야말로 가장 많은 의문이 따
르는 법이다. 수천 명의 증인에 의해 동시에 확인되었다고 말하는
것은 대개 진상은 보편적으로 인정되고 있는 것과 거리가 멀다는
의미로 보면 된다.

지금까지의 서술에서 얻을 수 있는 명확한 결론은 역사란 순
수한 상상력의 산물이라는 점이다.

역사의 기록은 잘못 관찰한 사실에 대한 환상적 평가에다 명
성에서 얻은 설명을 가미한 것에 불과하다. 그러한 책을 쓴다는
것은 절대적으로 시간 낭비이다. 만약 과거의 문학작품과 미술품,

• 단 하나의 전투라도 그것이 어떻게 전개되었는지 정확히 알 수 있단 말인
가! 이 점에 대해 나는 지극히 회의적이다. 우리는 누가 승자이고 누가 패
자인지는 알 수 있다. 그러나 그것이 전부이다. 다르쿠르(M. D'Harcourt)
는 직접 참전해 목격한 솔페리노 전투에 관해 다음과 같이 언급했는데, 이
는 다른 전투에도 똑같이 적용될 수 있을 것이다. 장군은 수백 명의 목격자
들이 증언한 것을 토대로 공식 보고서를 발송한다. 당직장교는 이 문서를
수정해 명확한 전달서를 재작성한다. 참모장은 이의를 제기하고 전체를 새
로운 조리를 토대로 뜯어 고친다. 이것이 원수(元帥)에게 전달되면 그는
"전부 틀렸어"라고 하면서 새것으로 아예 바꿔버린다. 결국 보고서 초안의
내용은 거의 남지 않게 된다. 다르쿠르는 가장 두드러지고 가장 잘 관찰된
사건도 그 진상을 밝히는 일이 불가능하다는 증거로 이러한 예를 인용하고
있다.

기념비적 유물들이 없었다면 우리는 지난날의 실상에 대해 전혀 모를 뻔했다. 우리는 인류의 역사에서 뛰어난 사명을 수행한 위인들(헤라클레스, 석가모니, 마호메트 등)의 실생활에 관한 진실을 한마디라도 알고 있는가? 모르기가 십상일 것이다. 하기야 그들의 실생활이 우리에게 중요한 것은 아니다. 우리의 관심은 우리의 위인들이 대중적인 전설에 비친 모습 그대로이다. 대중의 마음을 사로잡는 것은 전설적 영웅이지 진정한 영웅이 아니다.

불행하게도 영우에 관한 전설은 — 책으로 명확히 기록된 경우라도 — 영속성이 없다. 군중의 상상력은 시간의 흐름에 따라 모든 전설을 부단히 개작하며, 민족적 이유가 관련될 때 이 현상은 심하게 나타난다.

구약성서에 나오는 잔인한 여호와와 사랑의 신인 성 데레사 사이에는 엄청난 격차가 있으며, 중국에서 받드는 부처님과 인도에서 모시는 부처님 사이에는 아무런 공통점이 없다.

군중의 상상력에 의해 영웅의 전설이 개작되는 데 특별히 수세기가 걸리는 것도 아니다. 전설의 개작은 때로 수년 안에 일어나기도 한다.

우리가 알고 있는 바로 이 시대에도 위대한 역사적 영웅의 전설이 50년도 채 안 되는 사이에 수차례나 개작되었다.

부르봉 왕조 시대의 나폴레옹은 목가적이고 관대한 박애주의자였으며 가난한 사람들의 벗이었다. 시인들은 그가 농민의 마음속에 영원히 기억될 것이라고 예찬했다. 30년 후에는 이 태평성대의 영웅이 잔인한 폭군으로 개작되었고 권력을 찬탈하여 자유를 파괴하고 오직 개인적 야심을 충족하기 위해 300만 명을 죽음으로 몰아넣은 인물로 묘사되었다.

우리는 지금 나폴레옹 전설의 새로운 개작을 목격하고 있는 중이다. 이러한 사태가 몇백 번이고 계속되다 보면 오늘의 학자들이 부처의 존재에 대해 의심하고 있듯이 미래의 식자들도 이처럼 모순된 설명 때문에 갈피를 잡지 못해 영웅의 존재 자체를 의심하게 되고, 태양의 신화나 헤라클레스의 전설 태동 이상으로 여기지 않게 될 것이다.

미래의 학자들은 지금의 우리보다 군중심리에 대해 더 잘 알게 될 것이므로 그러한 불확실성에 대해 쉽게 자위하고, 역사란 신화 이외에 어떤 기록도 영속화할 수 없는 것이라고 결론 내리게 될 것이다.

두 개의 얼굴을 가진 군중의 감정

군중이 표현하는 감정은 좋은 것이건 나쁜 것이건 지극히 단순하고 지극히 과장된 양면을 가지고 있다. 다른 면에서도 그렇지만 이 점에서도 군중 속 개인은 원시인을 닮았다. 그들은 명확한 분별력이 없기 때문에 사물을 전체로서만 볼 뿐 중간 단계를 전혀 인식하지 못한다.

군중감정의 과장(誇張)이 고조되는 이유는 감정이 일단 노출되면 암시와 감염에 의해 급속도로 전파되고 거대한 감정의 뚜렷한 동조는 힘을 가속시키기 때문이다.

단순성과 과장성 때문에 군중감정은 의심이나 불확실성을 모른다. 군중감정은 여자의 마음처럼 곧장 극단으로 내달린다. 그럴듯하다는 감(感)만 잡히면 즉각 움직일 수 없는 증거로 선언해버린다.

고립된 개인에게는 아무런 자극이 되지 않을 반감이나 불복의 표명도 군중 속의 개인에게는 분노의 발단이 된다. 특히 이질적 군중일 때 군중감정이 격렬성을 보이는 것은 책임감이 없기 때문이다. 처벌을 모면할 수 있다는 확실성, 군중은 수가 많으면 많을수록 강하다는 확실성, 수에서 오는 막강한 순간적 세력에 대한 고려 등등이 고립된 개인이라면 상상할 수도 없는 감정과 행동을 군중으로부터 폭발하게 한다. 우둔하고 무식한, 그리고 질투에 찬 사람들도 군중에 끼게 되면 열등감과 무력감에서 해방되어 거칠고 감정적이 되어 막강한 힘을 느끼게 된다.

불행하게도 이러한 군중의 과장 기질은 악성으로 집중되는 경향이 있다. 이러한 기질은 원시안적인 본능의 격세 유전적인 잔재로, 처벌에 대한 공포 때문에 고립된 책임 있는 개인은 억제하려고 노력하는 법이다. 여하튼 이로 인해 군중은 최악의 극단으로 줄달음친다.

그러나 잘 다스려진 군중은 영웅적이고 헌신적일 수도 있으며 고상한 미덕을 발휘할 수도 있다. 그러한 면에서는 군중이 고립된 개인보다 뛰어난 자질을 보인다. 이 점에 관해서는 군중의 도덕을 논할 때 다시 이야기하기로 하자.

기질이 과장적이기 때문에 군중은 과격한 감정에만 쉽게 끌린다. 군중을 감동시키려드는 웅변가는 격렬한 단언을 퍼부어야 한다. 과장하고 단언할 뿐 결코 합리적으로 입증하려 들지 않는 태도는 대중 연설가에게 잘 알려진 수법이다.

그뿐 아니라 군중은 그들의 영웅에 관해서 마찬가지의 과장을 요구한다. 영웅들의 표면적 자질과 미덕은 과장되기 마련이다.

군중이 무대 위의 영웅들 — 각본의 주인공 — 에게 실생활에서는 찾기 힘든 색다른 용기, 도덕, 미덕을 요구한다는 지적은 정말 옳은 것이다.

극장에서는 특이한 관점에 압도적 중요성이 부여된다. 그러한 관점이 존재하는 것은 분명하지만 상식이나 논리와 무관하다는 데 문제가 있다.

군중에게 어필하는 예술은 백이면 백 하나같이 낮은 수준이기 마련이지만 특수한 재능을 요구한다. 연극이 성공할 것인지의 여부를 각본을 읽고 판단할 수는 없다. 각본을 받아 본 극장 지배인 자신도 성공 여부를 확신하지 못한다. 왜냐하면 이 문제를 판단하려면 지배인 자신이 군중의 입장이 되어야 하기 때문이다.*

여기에서 만약 좀 더 긴 설명이 허용된다면 민족적 배경의 압

---

* 모든 극장의 지배인들이 성공할 가능성이 없다고 거절한 작품이 우연한 기회에 상연되어 성황을 이루는 일도 이러한 이유 때문이다. 최근 프랑수아 코페(François Coppée)의 작품 ≪왕관을 위하여(Pour la couronne)≫가 대단한 인기를 끌었다는 것은 누구나 알고 있다. 그러나 이 작품은 10년 동안 파리의 일류 극장 매니저들에게서 외면을 받아왔던 것이다. ≪찰리의 아줌마(La marraine de Charley)≫라는 작품 역시 수없이 거절당해오다 증권업자의 후원을 받아 가까스로 상연되었는데, 프랑스에서는 200회, 영국에서는 1000회를 돌파하는 장기 공연을 하는 대성공을 거두었다. 극장 지배인이 군중의 심리로 전신해야 한다는 앞서의 주장에 따른다면 그러한 실수를 최대 관심사로 하고 있는 유능한 극장 매니저들의 오판은 없었을 것이다. 여기에서 장황하게 다룰 주제는 아니지만, 이것이 예컨대 연극 문제에 정통하면서 동시에 예리한 심리학자인 사르세(Francisque Sarcey) 같은 작가들의 작품 구상에 어떤 자극이 될 것이다.

도적 영향을 고찰하는 것이 순서일 것이다.

어떤 나라에서 군중의 열렬한 호응을 불러일으킨 작품이 다른 나라에 가서는 실패하거나 부분적 성공에 그치는 경우가 있는데, 그것은 관중이 달라질 때의 영향력 관계를 고려하지 않는 것에 원인이 있다.

군중의 과장 성향이 감정으로만 나타날 뿐 지성의 문제에서는 전혀 그렇지 않다는 것은 두말할 필요가 없을 것이다. 군중에 참여한 개인의 지적 수준이 즉각적으로 대폭 저하된다는 것은 이미 밝힌 바 있다.

박식한 재판관인 타르드(M. Tarde)는 군중의 범죄에 관한 연구에서 이 사실을 입증한 바 있다. 군중은 감정의 문제에서는 고도로 상승하고 반대의 경우에는 밑바닥으로 곤두박질한다.

군중은 편협하고 독재적이며 보수적이다

군중은 단순하고 극단적인 감정만 알 뿐 그들에게 암시되는 의견, 사상, 신앙은 전면 받아들이거나 전면 거부하며 절대적 진리가 아니면 절대적 오류로 판단해버린다. 신앙의 경우 논리적 귀결로 얻어진 것이 아니라 암시 과정의 귀결인 것이다. 종교적 신앙에 수반되는 편협성과 그러한 신앙이 인간의 마음에 군림하는 전제적 지배에 대해서는 누구나 피부로 느낄 것이다.

군중은 진리라든가 실수 같은 것이 무엇인지 어두운 데다가 힘에 대한 확신은 있기 때문에 편협한 동시에 자신의 영감(靈感)에 대해서는 전제적인 효력을 부여하는 경향이 있다.

개인은 반론을 받아들이고 토의를 인정하지만, 군중은 그렇지가 않다. 공회석상에서 연사가 아주 가벼운 반론을 제기해도 분노의 고함과 욕설이 터지고 연사가 끝내 주장을 굽히지 않으면 추방되고 만다. 관헌 당국의 출동이 없을 경우에 죽임을 당하는 경우도 흔히 있었다.

어떤 성질의 군중에게나 독재성과 편협성은 공통적으로 나타나지만 강도에서는 차이가 난다. 여기에서 또다시 인간의 감정과 사상을 지배하는 민족의 근본 개념이 다시 부각된다.

라틴계의 군중에서는 독재성과 편협성이 고도로 발전된 특성을 엿볼 수 있다. 실제로 라틴계에는 독재성과 편협성이 어찌나 압도하는지 앵글로색슨족에서는 대단히 강력한 자기 주체성 같은 것이 완전히 파괴되어버렸다.

라틴족의 군중은 자기가 속하는 파당의 집단적 독립에만 관심이 있을 뿐이며, 이들이 생각하는 독립 개념의 성격적 특징은 동조하지 않는 자를 즉각적으로 폭력을 통해 자신들의 신념에 굴복시켜야 한다는 체험적 필요성이다. 종교재판 이후 지금까지 라틴족의 자코뱅파, 즉 과격파는 이러한 형태 이외의 어떤 자유 개념도 가져본 적이 없다.

독재성과 편협성은 군중이 명확한 개념을 갖고 있는 감정으로서 이에 대해 군중은 아주 예민하기 때문에 이것이 자신들에게 강요되면 재빨리 실천에 옮길 만큼 호의적인 반응을 보인다. 군중은 힘에 대해 양순한 존경을 표시하지만 약간의 친절만 보여도 그것을 곧 약점으로 생각해버린다.

군중은 온전한 지배자에게 공명한 적이 없으며 오히려 그들을 무자비하게 탄압하는 폭군에게 동조했다. 군중이 가장 높은 동상을 세워준 것도 거의 폭군이었다. 군중이 폭군의 권력을 빼앗고 적극적으로 짓밟는 것은 사실이지만, 그것은 힘을 잃고도 여전히 국민에게 군림하려 들기 때문이다. 그가 배척당하는 것은 두려움의 대상이 되지 않기 때문이다. 군중이 사모하는 영웅의 유형은 카이사르와 거의 비슷하다. 그의 훈장이 사람들을 매료시키고, 그의 권위가 사람들을 위압하며, 그의 칼이 사람들을 공포에 떨게 한다.

군중은 언제나 연약한 자에게 서슴없이 반항하고 강력한 권력에는 노예처럼 굴복한다. 권력자의 힘이 들쭉날쭉하게 되면 극단적 감정에 사로잡혀 있는 군중은 노예 상태에서 무정부 상태로, 무정부 상태에서 노예 상태로 왔다 갔다 한다.

그렇다고 군중의 혁명적 본능이 뛰어난 것으로 생각한다면 그것은 그들의 심리를 잘못 이해한 것이다. 여기에 우리가 속는 것은 그들의 단순한 폭력성 때문이다. 그들의 반란과 파괴적 폭발은 언제나 잠정적이다. 군중은 철저하게 무의식적 배려에서 행동하며 세속적 전통의 영향을 너무나 크게 받기 때문에 극단적 보수주의자가 되지 않을 수 없다. 그들이 멋대로 하도록 내버려 두어도 군중은 무질서에 이내 싫증을 느끼고 본능적으로 노예 상태로 되돌아간다.

나폴레옹이 모든 자유를 탄압하고 그의 강권이 찬바람을 일으킬 때 가장 열렬히 환호하고 나선 것은 거만하고 고집불통인 자코뱅파였다.

군중의 철저한 보수주의적 본능을 고려하지 않고서는 역사, 특히 '인민' 혁명은 이해하기가 어려울 것이다. 그들이 실제로 제도의 이름을 바꾸기를 원한 것은 사실이고 이를 위해 혁명을 수행했지만, 제도의 본질은 민족의 전통적 소망을 반영하기 때문에 그것을 지키려 하는 것이다.

군중의 부단한 유동성은 오직 표면적인 문제에만 영향을 줄 뿐이다. 사실상 군중이 가지고 있는 보수성은 원시인의 그것과 마찬가지로 불멸의 속성인 것이다. 모든 전통에 대한 군중의 물신숭배적인 존경은 절대적이며, 그들의 근본적 생존 조건을 바꿀 가능성이 있는 새로운 것에 대한 무의식적 공포는 대단히 뿌리 깊은 것이다.

만약 민중이 오늘날 행사하는 파워를 방직기계가 발명되고 증기력과 철도가 등장한 시대에 가지고 있었다면 그러한 발명의 실용화는 불가능했거나 가능했다 해도 엄청난 연속적 학살이나 혁명이라는 대가를 치렀을 것이다.

과학과 산업의 위대한 발견들이 실용화된 연후에야 군중의 세력이 등장했다는 것은 문명의 발전을 위해 퍽이나 다행스러운 일이다.

군중은 도덕적 기질을 갖기 어렵다

'도덕'이라는 말이 어떤 사회적 관습에 대한 지속적인 준수와 이기적 충동에 대한 억제를 의미한다고 볼 때, 군중은 지나치게 능동적이고 유동적이어서 도덕적인 기질을 갖기가 어렵다는 것은 두말할 것도 없다. 그러나 만약 도덕이라는 용어를 자제, 희생, 무욕, 헌신, 공정성의 필요 등등의 자질을 표방하는 것으로 본다면 반대로 군중은 고도의 도덕성을 발휘할 수 있다고 말할 수 있을 것이다. 군중은 범죄행위의 관점에서만 연구하고 또 그들의 범죄행위를 빈번하게 목격해온 일부 심리학자들은 군중의 도덕 수준이 매우 낮다는 결론을 내리고 있다.

물론 그러한 경우가 많다. 그러나 왜일까? 간단하다. 원시시대부터 이어진 야만적·파괴적 본능이 우리 모두에게 유전적으로 잠재되어 있기 때문이다.

고립된 개인에게는 이러한 본능이 충족된다는 것이 위험한 일이 되지만, 그가 일단 무책임한 군중에 흡수되면 자동적으로 면

책특권이 부여되고 그는 자유롭게 본능을 추구한다.

일상생활에서는 이러한 본능을 동료에게 발산할 수가 없기 때문에 우리는 이것을 동물에 한해서 발산한다. 오늘날 널리 유행되고 있는 사냥에 대한 광적인 열성이나 군중의 잔인한 행동은 뿌리가 같은 것이다.

군중이 속수무책의 희생자를 천천히 죽이는 것은 아주 소심한 잔인성의 발로라 하겠지만, 철학자가 볼 때 이러한 잔인성은 때를 지어 오락을 위한 사냥을 나가서 사나운 개로 하여금 불운한 사슴을 쫓고 죽이게 하는 행위와 밀접하게 관련된다.

군중은 살인, 방화 등 갖가지 범법행위자가 될 수도 있지만 헌신, 희생, 무욕 등 고립된 개인이 할 수 있는 것보다 더 고귀한 행위를 할 수도 있다.

군중 속의 개인은 영광, 명예 또는 애국의 호소에 민감하여 목숨을 바치는 호응을 얻어낼 수도 있는 것이다. 십자군이나 1793년 프랑스혁명 때의 의용군 같은 유례(類例)는 역사에서 얼마든지 찾을 수 있다. 집단성 하나만으로도 무욕과 위대한 헌신을 태동시킨다. 잘 이해하지도 못하는 신념, 사상, 구호를 위해 얼마나 많은 군중이 영웅적으로 희생되었던가!

군중이 파업에 돌입하는 것은 입에 풀칠이나 할 정도의 얄팍한 임금을 올리기 위해서보다는 명령에 복종하기 위해서인 것이다. 군중에게는 개인적 이해(利害)가 강력한 동기로 작용하는 일이 드물다. 개인의 경우는 그것이 압도적인 행위 동기인 것이다.

자신의 두뇌로써는 이해할 수 없는 수많은 전쟁에 뛰어들어 사냥꾼의 그물에 최면되어버린 종달새마냥 거침없이 자신을 죽음에 내맡겨버리는 군중은 결코 이기심에서 그렇게 한 것이 아니다. 더할 수 없는 악한이라도 일단 군중 속에 끼게 되었다는 사실 자체가 그들로 하여금 그 순간은 엄격한 도덕률을 지키게 한다. 히폴리트 텐은 9월 대학살(1972년 프랑스혁명에서 있었던)에 참가한 폭도들이 희생자의 몸에서 나온 지갑과 보석류를 혁명위원회의 탁상 위에 내놓은 사실에 주목해야 한다고 말한 적이 이는데, 그러한 물건은 얼마든지 감춰서 갈 수가 있었던 것이다. 1848년 혁명 때 파리의 튀일리궁에 쳐들어가 아우성과 북새통의 난장판을 이룬 군중들은 하나만 훔쳐도 오랫동안 식량 걱정은 안 해도 될 법한 으리으리한 물건이 많았는데도 전혀 손을 대지 않았다.

군중에 의한 이러한 개인의 도덕화는 불변의 법칙은 아니지만 흔히 볼 수 있는 현상이다. 앞서 말한 사태처럼 심각하지 않은 경우에도 군중의 도덕화는 나타난다. 극장에서는 군중들이 각본 속의 영웅에게 과장된 미덕을 요구한다는 사실을 앞에서 언급한 바 있지만, 열등한 자들이 모인 집회가 아주 얌전한 체하려 드는 경향은 얼마든지 볼 수 있다.

방탕아, 간부, 건달까지도 좀 야한 장면이나 표현이 나오면 못마땅하다는 듯 일제히 중얼거린다. 그 정도는 그네들이 일상적으로 나누는 대화에 비하면 전혀 무방한데도 그러한 반응이 나오는 것이다.

그리고 보면 군중은 자신을 저급한 본능에 내맡기는 수도 있지만, 또한 고상한 도덕적 행위 시범을 보일 때도 있다는 이야기가 된다.

멸사(滅私)와 겸양, 현실적 또는 공상적 이상에 대한 절대적 헌신 등이 도덕적 미련이라면, 군중은 가장 현명한 철인(哲人)도 도달하기 어려운 경지의 미덕을 갖출 수도 있다.

물론 군중은 이러한 미덕을 무의식적으로 발휘하지만 그것이 문제될 필요는 없다. 군중이 지나치게 무의식적 배려에 좌우되고 합리적 판단에 어둡다고 지나치게 불평해서는 안 된다. 만약 그들이 어떤 경우에 논증하고 직접적 이해를 따지려 들었다면 우리 지구상의 문명 성장은 불가능했을지도 모르며 인류는 아무런 역사를 갖지 못했을 가능성도 있기 때문이다.

군중의 사상

모든 문명은 좀처럼 갱신되지 않는 몇몇 기본 사상의 결과라는 것을 민족의 발전에서 사상이 어떤 역할을 하는지의 문제를 연구한 다른 저서*를 통해 이미 밝힌 바 있다. 거기에서 필자는 사상이 어떻게 군중의 머릿속에 이식되고 그 과정에 어떤 곤란이 따르는지, 그리고 문제가 된 사상이 일단 뿌리를 내리면 그 힘이 어떠한지도 언급했다. 또한 거대한 역사적 격동은 대체로 이러한 기본 사상의 교체에서 야기된다는 것도 강조한 바 있다.

이 문제에 대해서는 충분히 다루었기 때문에 재론할 필요는 없으며, 그러한 사상이 군중에게 접근해가는 과정과 받아들여지는 형태만을 언급할 생각이다.

그러한 사상은 두 가지로 분류할 수가 있다. 하나는 상황의

* 『민족발전의 심리학적 법칙(Les Lois Psychologiques de l'Évolution de Peuples)』(1894)을 가리킨다. —옮긴이

영향을 받아 창조되는 일시적 사상으로 어떤 인물이나 주장에 대한 열광을 예로 들 수 있겠다. 또 하나는 환경이나 유전의 법칙 또는 여론의 영향을 받아 굳어진 기본 사상인데, 과거의 종교적 신념이나 오늘날의 사회주의 사상이나 민주주의 사상을 예로 들 수 있다.

기본 사상이 마치 진로를 따라 서서히 흘러가는 대류와 같다면, 일시적 사상은 표면의 파도와 같다고나 할까. 중요한 의미가 없으면서도 부단한 변화로 수면에 격랑을 일으키고 대류보다 더 돋보인다.

오늘날 우리 조상들의 대들보였던 위대한 기본 사상들이 날이 갈수록 심한 동요를 보이고 있다.

이미 기본 사상들은 지반을 상실했고 이러한 기본 사상을 바탕으로 해온 모든 제도 역시 심하게 흔들리고 있다. 앞서 이야기한 일시적 군소 사상들이 매일매일 대량으로 쏟아져 나오지만 겉모습과는 달리 활력이 있거나 장차 압도적인 영향력을 행사할 전망이 있는 것은 지극히 드문 것 같다.

군중에게 암시되는 사상은 어느 것이나 독단적이고 비타협적이며 단순한 형태여야만 효과적인 감화력을 발휘할 수 있다. 그래야만 그러한 사상은 표상으로 나타나고 이러한 형식으로만이 군중에게 접근이 가능한 것이다. 그러한 표상적인 사상은 유추나 계통의 논리적 연관과 아무런 관계가 없다. 그러한 사상은 상자 속에 가지런히 쌓여 있는 환등기용 슬라이드 같은 것이다. 따라서 군중 사이에는 여러 가지 모순된 사상들이 한꺼번에 난무하게 된다. 그때그때 상황에 따라 군중은 이해가 가능한 한 가지 사상의 영향을 받게 되고 따라서 전혀 의외의 행동에 마구 들어갈 수가 있게 되는 것이다. 그러나 군중은 비판정신이 없기 때문에 그러한 모순을 자각하지 못한다.

군중에게만 이러한 현상이 나타나는 것은 아니다. 고립된 개인에게서도 얼마든지 볼 수 있으며 원시인에게서뿐 아니라 지적 수준이 어느 면에서 원시인과 닮은 데가 있는, 예컨대 종교적 신앙의 광적인 분파 신도에게서도 엿볼 수가 있다. 나는 이러한 현상의 두드러진 예를 유럽의 대학에서 공부해 학위까지 받은 유식한 인도인에게서도 발견할 수가 있었다.

그네들의 불변적이고 근본적인 힌두 사상과 사회 사상의 전통 위에 몇 가지 서구 사상이 겹쳐지게 되었다. 상황의 변화에 따라 사상의 단편들이 하나하나 특색 있는 행동과 언어로 노출되었기 때문에 같은 사람이 극도의 모순을 드러내고 있었다. 그러나 이러한 모순은 실질적이라기보다는 피상적인 것이었다. 왜냐하면 고립된 개인의 행위 동기가 될 만큼 강력한 영향을 주는 것은 전통 사상뿐이기 때문이다. 어떤 개인의 행동이 실제로 순간순간 전면적 모순 속을 방황하는 경우는 여러 민족이 뒤섞여 상이한 전통의 틈바구니에 끼어 있을 때뿐이다. 이러한 현상이 심리학적으로 대단히 중요한 것이기는 하지만, 이 자리에서 역설할 필요는 없을 것이다. 이러한 현상을 포괄적으로 이해하려면 적어도 10년간의 여행과 관찰이 필요하지 않을까 생각된다.

사상이란 아주 단순한 형태라야 대중에게 접근될 수 있는 것이기 때문에 대중화되려면 철저한 변형을 거치지 않으면 안 된다. 특히 군중의 지식수준에 맞춰 내려가기까지 많은 조정이 필요한 고차원의 철학적 또는 학문적 사상의 경우에 그것은 더욱 절실한 것이다. 그러한 수정은 군중의 성격이나 군중이 속하는 민족의 차이에 따라 달리 나타나겠지만, 대체로 축소되는 경향과 단순화의 방향을 나타낸다.

여기에서 알 수 있는 것은 사회적 관점에서 볼 때 사상의 위계서열, 다시 말해 숭고한 사상과 그렇지 못한 사상이 따로 있는 것이 아니라는 사실이다. 아무리 위대하고 진실한 사상이었다고 해도 그것이 일단 군중의 지적 영역에 침투해 그들에게 영향력을 발휘했다는 사실 그 자체만으로 애초의 위대성이나 고차원의 격조는 빛을 잃게 된다.

더구나 사회적 관점에서는 사상이 갖는 위계적 가치나 속성적 품위는 별 중요성이 없는 것이다.

고려해야 할 포인트는 사상의 실효성이다. 중세의 기독교 사상과 18세기의 민주주의 사상, 그리고 오늘의 사회주의 사상은 분명 아주 격조 높은 것이 아니다.

철학적인 면에서 생각하면 이러한 사상들은 때로는 안타까운 오류라 말할 수밖에 없다. 그러나 이러한 사상의 힘은 막강했고 앞으로도 막강할 것이며 상당히 오랫동안 국가의 행위를 결정하는 가장 중요한 요인으로 작용할 것이다.

어떤 사상이 대중에게 접근할 수 있도록 변형의 과정을 거친다 해도 그것이 영향력을 발휘하기까지에는 뒤에 설명하게 될 여러 과정을 거쳐 무의식의 영역에 파고들어 하나의 감정으로 응결되어야 하는데 그러자면 많은 시간이 소요된다.

왜냐하면 어떤 사상의 정당성이 증명되었다는 사실만 가지고는 교양 수준이 높은 사람의 마음을 움직여 효과적인 행동을 유도할 수는 없기 때문이다.

이러한 사실은 가장 명백한 논증도 대다수 사람들에게 전혀 영향을 주지 않는다는 점에서도 쉽게 알 수가 있다. 아주 확연한 논증이면 식자들은 일단 수긍하겠지만, 식자들의 이러한 개심(改心)은 그의 무의식적 자아에 의해 이내 밀려나고 본래의 착상(着想)으로 되돌아오게 된다. 며칠 후에 그를 다시 만나면 전날과 똑같은 주장을 하는 것을 볼 수 있게 된다. 그는 사실상 이미 감정으로 굳어버린 전날의 사상에 지배되고 있는데, 우리의 행동이나 언사의 심층적 동기를 관장하고 있는 것도 이러한 속성화된 사상이다. 군중의 경우는 더 말할 나위도 없다.

여러 가지 과정을 거쳐 군중의 마음속에 침투하게 되면 이 사상은 누구도 막을 수 없는 힘을 갖게 되며 불가항력의 연쇄적 영향력을 발동한다.

프랑스혁명을 몰고 온 철학 사상이 군중의 마음속에 침투하기까지는 거의 100년 가까운 세월이 필요했다. 일단 뿌리를 내릴 때 그러한 사상이 얼마나 위력적인가는 새삼 설명할 필요가 없을 것이다. 사회적 평등을 쟁취하고 추상적 권리와 이상적 자유를 실천하려는 전 국민의 궐기는 모든 왕조를 경악하게 했고 서방 세계를 뿌리째 뒤흔들었다. 이리하여 20년 동안 열국의 살육전이 이어졌고 유럽 대륙은 칭기즈칸이나 티무르도 전율을 느낄 정도의 아수라장을 목격했던 것이다. 한 사상의 만연이 그처럼 엄청난 결과를 가져온 것을 세계는 일찍이 본 적이 없었다.

어떤 사상이 군중의 마음속에 자리 잡기까지는 오랜 시간이 걸리지만, 그것이 지워지는 데도 그만큼의 오랜 시간이 필요하다. 이 때문에 군중은 사상에 관한 한 학자나 철학자보다 한 세대쯤 뒤지게 된다.

오늘날 모든 정치인은 앞서 언급한 기본 사상에 많은 착오가 혼재되어 있음을 잘 간파하고 있으나, 그 세력이 아직도 강력하기 때문에 진실된 것으로 믿지 않는 원칙에 따라 통치하고 있다.

군중의 추리력

군중이 추리하지 않는다거나 논리의 영향을 받지 않는다고는 절대로 말할 수 없다. 그러나 이들이 갖춘 논리와 이들에게 영향력을 발휘하는 논증은 논리적으로 대단히 열등하기 때문에 유추적으로 논리에 속할 정도라 해두는 것이 좋을 것이다.

군중의 열등한 논증은 다른 고차원의 논증과 마찬가지로 관념의 연결을 바탕으로 하고 있지만 군중들이 연결시킨 관념 사이에는 유추나 연상의 피상적 접착이 있을 뿐이다.

군주의 추리는 에스키모인의 수준과 비슷해 얼음은 일시적 물체로 입에서 녹기 때문에 일시적 물체인 유리도 입에서 녹을 것이라고 결론을 내린다. 또한 군중의 논리는 용감한 적의 심장을 먹으면 그 용기가 자기에게 옮겨올 것이라고 생각하는 야만인의 논리와 비슷하며, 한 고용주에게 착취당한 경험이 있는 노동자가 모든 고용주를 착취자로 단정해버리는 논리와도 비슷한 수준인 것이다.

군중의 논리에서 볼 수 있는 특색은 상호간에 피상적 연관밖에 없는 상이한 것들을 접착시키고 특수한 경우를 즉각 개념화해 버리는 데 있다.

군중을 다룰 줄 아는 사람들이 군중에게 제시하는 주장은 언제나 이런 식의 논리인 것이며, 그러한 형태가 군중에게 효과를 발휘하는 유일한 논법인 것이다. 논리적 주장의 체계는 군중에게 전혀 통하지가 않기 때문에 군중은 추리를 하되 잘못 추리하여 논리의 영향을 받지 않는다고 말하는 것이 무방할 것이다. 모인 청중에게 엄청난 영향력을 발휘한 연설문을 직접 읽어보면 그것이 허점투성이인 데 놀라겠지만, 그것은 집단을 설득하기 위한 것이지, 철학자를 위해 쓰여진 것이 아니라는 점을 망각한 데서 오는 놀라움인 것이다. 군중과 친밀한 접촉을 유지해온 연설가는 그들을 유도할 이미지를 환기시킨다. 목적 달성에 성공할 수 있으려면 방대한 양의 열변 — 앞뒤가 척척 들어맞기 마련인 — 보다 설득력 있는 시원한 몇 마디가 훨씬 효과적이라는 것을 알아야 한다.

군중은 논리에 무력하기 때문에 비판정신이 전무하고 참과 거짓을 구분하지 못하며 어떤 문제에 대해서든 정확히 판단하지 못한다는 것은 새삼 부연할 필요가 없을 것이다. 군중이 받아들인 판단은 그들에게 강요된 것이지 논의 끝에 채택된 것이 아니다.

이 문제와 관련해 군중의 수준을 넘지 못하는 개인도 무수히 많다. 어떤 의견이 쉽게 대중의 호응을 얻어내는 것도 특히 대다수 사람들이 자기 자신의 독자적 의견 제시가 불가능하다는 체념의 결과인 것이다.

군중의 상상력

추리력이 결여된 개인의 경우와 마찬가지로 군중의 상징적 상상력은 대단히 강력하고 대단히 적극적이며 어떤 인상에 예민한 반응을 보인다.

어떤 저명한 인물, 큰 사건, 큰 재난이 군중에게 환기시킨 이미지는 실상만큼 생생한 것이다. 군중은 마치 잠든 사람이 잠시 이성 활동이 중단된 듯한 상태이기 때문에 조금만 성찰하면 무산될 허무한 심상(心像)들이 세차게 난무한다.

성찰과 논증이 불가능한 군중은 황당무계한 불가상성(不可想性)의 개념을 모르며, 따라서 가장 감동을 주는 것은 일반적으로 불가상성의 황당무계한 일이라는 것을 주목해야 한다. 어떤 사건의 신비롭고 전설적인 측면이 군중을 강력하게 사로잡는 것도 이 때문이다.

문명이라는 것도 차분히 분석해보면 실제로 기둥이 되고 있는 것은 신비로움과 전설이다. 역사에서도 실체보다는 외관이 언제나 중요한 역할을 했고, 실상보다는 허구가 결정적 계기로 작용했다.

군중은 상상으로만 생각하기 때문에 상상의 영향을 크게 받는다. 오직 상상만이 그들을 공포로 몰아넣기도 하고 환호로 열광하게도 하며 행위의 동기로 작용한다. 이 때문에 상상이 가장 선명한 형태로 노출되는 연극적인 표현은 언제나 군중에게 강력한 감화를 준다.

빵과 연극 구경은 고대 로마의 평민에게 이상적 행복이었고, 그들은 그 이상의 것을 바라지 않았다. 그 뒤로도 시대는 변했지만 이러한 이상은 거의 그대로 간직되었다. 연극적인 표현 이상으로 군중의 상상력에 큰 영향을 주는 것은 없다. 전체 관중이 동시에 같은 정서적 반응을 보인다. 만약 이것이 즉각 행동으로 옮겨지지 않았을 경우에 그것은 무의식적인 관중들이 자신이 환상에 사로잡혀 있음을 알고 있었고 또 환상적 광대를 보고 웃거나 웃어버렸기 때문이다. 그러나 상상력으로 암시된 감정은 때로는 평상시의 암시처럼 행동화할 만큼 강력할 수도 있다. 흔히 떠돌아다니는 이야기이지만, 어느 대중 극장의 지배인은 항상 음울한 연극만 무대에 올렸는데 이 때문에 악역을 맡은 배우가 극장을 나갈 때, 허구의 일이기는 하지만 그 배우가 무대에서 저지른 범행에 분노한 관객이 폭행하려 들지 않을까 특별 경호를 해야 했던 것이다.

개인적인 의견이지만 바로 이 경우가 군중의 심리 상태, 특히 암시의 기능이 적나라하게 노출된 실례가 아닌가 싶다. 사실 못지않게 허구가 군중에게 강력한 영향을 주고 있는 것이다. 군중은 사실과 허구를 식별하지 않으려는 명백한 경향이 있다.

정복자의 힘과 국가의 권력은 대중적 상상력을 기반으로 한다. 군중을 통솔하기 위해 이러한 상상력의 조작이 이용되는 경우가 많다.

모든 거대한 역사적 사실들, 즉 불교, 기독교, 이슬람교의 성장과 종교개혁, 프랑스혁명, 우리 시대에 볼 수 있는 사회주의의 위협적 침투 등은 직간접적으로 상상력에서 태동한 강력한 감동의 결과에 지나지 않는다.

또한 어느 시대 어느 곳에서나 폭군을 비롯한 모든 위대한 정치인들은 대중의 상상력을 자신의 권력 기반으로 이용했으며 이들에게 대항해 통치하려 들지 않았다.

나폴레옹은 고문부(Conseil d'État)에서 "내가 방데 전투를 종결지은 것은 가톨릭교도가 된 때문이었고, 이집트에 교두보를 확보한 것은 이슬람교도가 된 때문이었으며, 이탈리아 사제들의 지지를 받은 것은 교황권 지상주의자가 된 때문이었다. 만약 내가 유태인을 통치해야 한다면 솔로몬의 사원을 재건할 방침"이라고 선언했다. 알렉산더 대왕과 카이사르 이후 군중의 상상력을 어떻게 조작해야 하는지를 나폴레옹보다 더 잘 간파한 위인도 없다.

그는 언제나 군중을 사로잡을 궁리에 골몰하고 있었다. 그는 승리의 순간에도, 열띤 토론의 순간에도, 연설의 순간에도, 모든 일거일동에도 그것을 염두에 두고 있었다.

어떻게 하면 군중의 상상력에 강력한 인상을 줄 수 있을까? 해답은 곧 나오게 될 것이다. 다만 여기서 우선 말해두고 싶은 것은 지식이나 이성의 기능, 다시 말해 논증의 방법으로 그러한 효과를 얻을 수 없다는 사실이다.

안토니가 카이사르의 살해자들에 대한 민중의 분노를 유발한 데 성공한 것은 교묘한 연설 때문이 아니라 유언을 낭독하고 그의 시체를 전시한 때문이었다.

군중의 상상력을 강력히 자극하는 것은 거의 부수적 설명이 생략된 놀랍고 선명한 형태의 표상이 단지 신비롭거나 불가사의한 사실을 수반할 때인데, 예를 들면 결정적 대승리, 엄청난 기적, 가공할 범죄나 장엄한 희망 등을 꼽을 수 있다.

사실을 있는 그대로 군중 앞에 모두 공개하되 근원이 알려져서는 안 된다. 수백 가지 작은 사건이나 범죄는 전혀 군중의 상상력을 작동시키지 않지만, 큰 범죄나 큰 사건은 비록 그것이 수백 개의 작은 사건들을 합친 것보다 훨씬 보잘 것 없는 것일 경우라도 군중의 상상력을 요란스럽게 발작시킨다.

수년 전 인플루엔자가 유행해 파리에서만 5000명이 죽어갔지만, 대중의 상상력에는 별다른 자극을 주지 않았다. 그 이유는 이처럼 틀림없는 대량학살이 눈으로 볼 수 있는 이미지로 구체화된 것이 아니라 매주 집계된 통계의 정보로 알려졌기 때문이다.

만약 에펠탑이 무너져 5000명도 아닌 500명이 하루 만에 사람들의 눈앞에서 희생되는 충격적인 사건으로 목격되었다면, 앞서와는 딴판으로 군중의 상상력에 엄청난 인상을 남겼을 것이다.

대서양을 항해하는 기선이 소식이 끊긴 채 대양의 한복판 깊숙이 침몰한 것으로 추측될 경우, 한 주 동안은 군중의 상상력에 강력한 인상으로 작동할 것이다. 그런데 공식 통계는 1894년 한 해 동안에만 850척의 배가 실종되었는데 그중에 기선이 231척이라 밝히고 있다. 이러한 계속적인 실종은 인명과 재산의 손실이라는 면에서 앞서의 대서양 정기선보다 훨씬 큰 것이 분명한데도 군중은 전혀 관심을 보이지 않았다.

따라서 대중의 상상력에 충격을 주는 것은 사건 그 자체가 아니라 사건이 일어난 경위와 알려진 상황이라는 것을 알 수 있다. 감히 말해도 좋다면, 사건은 응축되어야만 사람의 머리에 파고들어 충격을 준다고 하겠다. 군중의 상상력에 인상을 남기는 방법을 터득한다는 것은 군중을 통제하는 방법을 알게 되는 것이라는 이야기가 된다.

군중의 확신과 종교 성향

이미 밝힌 대로 군중은 추리하지 않으며, 사상을 전면 거부하거나 전면 수긍하고, 토론이나 반론을 허용하지 않으며, 그들에게 겨냥된 암시는 그들의 이해 영역 전반에 침투해 행동화하는 경향이 있다.

군중은 적절히 조종되기만 하면 자신들이 열광하는 이상을 위해 서슴없이 희생하려 든다는 것도 지적한 바 있다. 우리는 또 군중이 격정과 극단적인 감정에 사로잡혀 있고 자신들의 문제에 관계되면 동조가 숭배로 재빨리 전환되며, 반감은 즉각 증오로 돌변해버린다는 사실도 알게 되었다.

이러한 개괄적인 설명만 가지고도 군중의 확신이라는 것이 어떤 성질의 것인지 짐작이 갈 것이다.

군중의 확신이라는 것이 무엇인지 자세히 검토해보면 격렬한 종교적 신앙의 시대이건 18세기처럼 거대한 정치적 격동의 시대이건 종교적 감정이라고밖에 달리 이름을 붙일 수 없는 특이한 형태라는 것을 알 수 있다.

군중의 종교적 감정은 극히 단순한 성격을 띠고 있으며 뛰어나다고 생각되는 자에 대한 숭배, 그가 지닌 것으로 믿는 힘에 대한 외경, 그의 명령에 대한 맹종, 그의 도그마에 대한 비판력 상실, 그러한 도그마를 받아들이지 않을 경우 무조건적으로 몰아붙이려는 경향 등을 특징으로 한다.

이러한 군중감정은 그것이 보이지 않는 신을 향한 것이건, 나무나 돌 같은 우상을 향한 것이건, 어떤 영웅이나 정치적 사상을 향한 것이건 앞에서 지적한 특징을 보이면 그것은 본질적으로 종교적 감정인 것이다. 이에 못지않게 초자연적인 기적적 요인들도 나타난다.

군중은 당장 그들의 열광을 환기시키는 정치적 시책이나 승리한 영도자에게 무의식적으로 불가사의한 힘을 부여해버린다.

인간은 신을 섬길 때만 종교적인 것은 아니다. 어떤 주의주장이나 자신의 사고와 행동에서 목표가 되고 지침이 되는 인물에 대해 마음 전체로, 자신의 의지를 전면적으로 굽혀서 망아(忘我)의 환상적 열정으로 헌신하면 그것은 곧 종교적인 것이다.

이단자에 대한 편협과 열광은 종교적 감정의 필수적 속성이다. 지상과 천상의 행복에 대한 비밀을 알고 있는 것으로 믿는 사람치고 이러한 속성을 드러내지 않는 경우는 거의 없다.

편협과 열망의 두 가지 성격은 어떤 확신에 고무된 사람이 집단화되면 누구에게나 나타난다.

공포시대(프랑스혁명 당시 가장 과격했던 1793년 3월부터 1794년

7월까지)의 자코뱅 당원은 종교재판에서의 가톨릭교도와 마찬가지로 종교적이었으며, 이들의 잔인한 광신은 같은 뿌리에서 나온 것이었다.

군중의 확신은 이러한 맹목적 헌신과 격렬한 편협성, 종교적 감정에 내재된 맹렬한 선전 욕구 등의 성격을 갖기 때문에 군중의 신념은 한결같이 종교적 형태를 갖는다고 말할 수 있다.

군중의 갈채를 받는 영웅은 군중의 진정한 신이다. 그러한 의미에서 나폴레옹은 15년 동안 신이었으며, 다른 어떤 신도 그처럼 많은 신도 집단을 갖거나 태연히 순교케 하지는 못했다. 기독교의 신이나 이교도의 신도 휘하에 들어온 사람들에게 그처럼 절대권을 행사하지는 못했다.

모든 정치적·종교적 신조의 창안자들은 군중을 이러한 열광저거 감정으로 감동시켜 군중으로 하여금 숭배와 복종에서 행복을 찾게 하고 자신들의 우상을 위해 기꺼이 생명을 버리게 했기 때문에 성공한 것이었다.

이것은 어느 시대에나 마찬가지였다. 퓌스텔 드 쿨랑주(Fustel de Coulanges, 1830~1889, 프랑스의 역사학자)는 그의 명저『로마 시대의 프랑스(La Gaule romaine)』에서 로마 제국은 결코 힘에 의해서가 아니라 종교적 찬미를 고무시켜 유지되었다고 지적했다. 그는 다음과 같은 명확한 관찰을 하고 있다.

민중이 혐오하는 정치체제가 500년 이상 지속된 경우는 세계 역사상 없을 것이다. 30개 군단을 가진 로마 제국이 1억의 사람들을 제압했다는 사실은 도저히 설명할 수가 없는 것이다.

그러한 복종이 가능했던 이유는 로마의 위대성을 의인화한 황제가 만장일치에 의해 신처럼 숭앙된 데 있었다. 로마 제국의 가장 작은 마을까지 황제를 숭배하는 제단이 마련되어 있었다.

그 당시 제국의 방방곡곡에는 황제 자신을 신으로 모시는 종교가 일어나고 있었다. 기독교 시대가 다가오기 직전의 몇 년 동안 60개의 도시로 대표된 전체 프랑스족은 아우구스투스 황제를 신으로 모시는 사원을 리옹 근처에 공동으로 세웠다. …… 프랑스족 도시 동맹에서 선출한 사제들은 이 나라에서 장로적 인물이었다.

이것을 공포와 굴종으로만 돌릴 수는 없다. 모든 국민이 한결같이 노예 상태는 아니었다. 특히 300년 동안은 그랬다. 황제를 숭배한 것은 신하들만이 아니라 로마 전체였고, 로마뿐 아니라 갈리아(프랑스), 스페인, 그리고 아시아까지도 황제를 숭배했다.

사람들의 마음을 사로잡은 오늘날의 위대한 인물들이 제단에 모셔지는 일은 거의 없지만, 동상이 세워지거나 사람들이 초상화를 가지고 다니기 때문에 우상숭배의 대상이 된다는 점에서는 옛날과 크게 다를 바가 없다. 역사철학에 정통하려면 이처럼 군중심리의 기본 핵심을 철저히 이해해야 한다. 군중은 우선 무엇보다 신을 요구한다.

과거에는 미신의 시대가 있었고 이것이 이성에 의해 완전히 추방되었다고 생각하는 것은 잘못이다. 감정과 이성의 영원한 투쟁에서 감정이 정복당한 적은 단 한 번도 없었다.

군중은 자신들이 그의 이름으로 오랫동안 노예화되어온 신이나 종교라는 말을 사용하지 않으려 한다. 그러나 군중이 지난 수백 년 동안 그렇게 많은 물신(物神)을 가진 적은 없으며, 옛날의 신들이 지난 수백 년 동안만큼 그렇게 많은 신상과 제단을 가진 적도 일찍이 없었다. 불랑기즘(Boulangisme)으로 알려진 최근의 민중운동을 연구한 사람들이라면 군중의 종교적 본능이 얼마나 쉽게 재발하는 것인지 알 수 있을 것이다. 벽지의 시골까지 불랑제장군의 초상화를 걸지 않은 집이 없었다. 그는 온갖 불의와 죄악을 척결할 힘이 있다고 믿어졌고, 수천 명의 사람들이 그를 위해 생명을 바치겠다고 나섰다. 그의 인물 됨됨이가 명성에 걸맞은 것이었다면 그는 위대한 인물로 역사에 기록되었을 텐데 애석하게도 그렇지 못했다.

이처럼 군중에게 종교가 필요하다는 것은 두말할 필요조차 없는 것이다.

왜냐하면 모든 정치적이고 신성한, 그리고 사회적인 신조들은 종교적 형태 — 그것은 논란의 위험을 제거한다 — 를 갖춰야만 군중에게 뿌리를 내릴 수 있기 때문이다. 예를 들어 군중에게 무신론을 받아들이도록 유도한다 해도 이 무신론적 신념은 종교 감정의 편협한 열광을 드러낼 것이며, 외적 형태는 우상숭배로 나타날 것이다.

소수 실증주의파의 발전은 바로 이러한 점을 신기하게 증명해준다. 심오한 사상가인 도스토옙스키의 소설에 나오는 허무주의자가 돌연 실증주의자로 돌아섰을 때 어떤 일이 일어났던가. 어느 날 이 허무주의자는 이성의 광명에 눈을 떠 교회의 제단에 모셔진 성상들을 부숴버리고 촛불을 끈 다음 즉각 무신론자인 뷔히너(Ludwig Büchner)와 몰레스코트(Jacob Moleschott)의 저서들을 성상이 있던 그 자리에 올려놓았다. 그러고는 경건한 마음으로 촛불을 다시 켰다. 종교적 신앙의 대상은 달라졌지만 그의 종교적 감정이 변한 것이라고 진정 주장할 수 있을까?

어떤 역사적 사건 — 분명히 가장 중요한 사건 — 은 군중의 확신이 궁극적으로 갖게 되는 종교적 형태에 대한 지식이 없이는 결코 파악되지 않는다는 것을 다시 한번 강조하고 싶다.

박물학자의 관점에서는 심리학적 관점에서 연구되어야 하는 사회 현상이 분명 존재한다. 위대한 역사가인 히폴리트 텐은 오직 박물학자의 입장에서 프랑스혁명을 연구했기 때문에 사건의 진상이 확실하지가 않다. 그는 사실을 완벽하게 관찰했지만 군중의 심리학을 연구하지 않았기 때문에 원인 분석이 철저하지 않다. 그는 사건의 처참하고 무정부적이며 잔인함에 실색하며 위대한 드라마의 영웅들을 '본능을 억제하지 못한 채 발작적 야만성으로 날뛰는 악한' 정도로 보게 되었다.

프랑스혁명의 난폭성과 대량학살, 주의주장의 필요성, 만사에 대한 선전포고 등은 혁명이 대중의 마음속에 새로운 종교적 신앙을 심는 운동이었다는 것을 염두에 두어야만 이해가 될 것이다.

종교개혁, 성 바르톨로메오 축일의 학살, 프랑스의 종교전쟁으, 종교재판, 공포정치 등등은 뿌리가 같은 것이며 종교적 감정에 고무된 군중이 몰고 온 것이다. 종교 감정에 불이 붙은 군중들은 누구든 새로운 신앙이 들어서는 데 반대하면 방화, 총검 등으로 무자비한 타도에 나선다.

종교재판에 동원된 방법은 솔직하고 철저한 확신자의 방법이었다. 그들이 만약 다른 방법에 호소했다면 그들의 신념은 솔직하다거나 철저하지 않다는 이야기가 된다.

내가 조금 전에 인용한 것과 비슷한 천하대란은 그것을 몰고 오는 군중의 정신이 있어야만 가능하다. 역사가들이 성 바르톨로메오 축일의 학살이 왕 한 사람이 저지른 일이라고 말한다면 그것은 군중의 심리는 물론이요, 군주의 심리에도 무지하다는 것을 고백한 것으로 봐야 한다.

가장 독재적인 군주의 더할 수 없는 절대적 권력도 폭발을 촉구하거나 지연시키는 이상의 일을 하기가 어려운 법이다. 성 바르톨로메오 축일의 학살이나 종교전쟁이 군주의 소행이 아니라는 것은, 프랑스혁명의 공포정치가 로베스피에르(Maximilien François Marie Isidore de Robespierre)나 당통(Georges Jacques Danton) 또는 생쥐스트(Louis Antoine de Saint-Just)의 소행이 아니라는 점에서도 분명히 알 수 있을 것이다. 그러한 대사건의 저변에는 민중의 정신이 깔려 있지 군왕의 권세가 깔려 있는 것이 아니다.

군중의
여론과
신념

무엇이 군중을 열광하게 하는가

지금까지 군중의 심리적 구조를 고찰했고 이들의 감정과 사고방식 및 논리의 양식을 알았으므로, 이제부터는 이들의 여론과 신념이 어떻게 형성되고 성립되는지 살펴보기로 한다.

이러한 여론과 신념을 결정하는 요인에는 두 가지가 있는데, 하나는 원인(遠因)이고 다른 하나는 근인(近因)이다.

원인은 군중으로 하여금 어떤 신조는 받아들이고 어떤 신조는 완강히 거부하게 하는 요인을 말한다. 이러한 요인은 외관상으로는 지극히 자연발생적인 것처럼 보이지만, 세력과 영향력이 놀라울 정도로 막강한 어떤 새로운 사상을 싹트게 하는 토대를 형성한다.

어떤 사상이 군중 사이에 폭발하거나 실천될 때는 이따금 충격적 돌발성을 보일 경우가 있다. 이것은 표면상으로는 그럴 뿐이지 거기에 이르기까지는 오랫동안의 예비적 준비운동이 있었다는 것을 알아야 한다.

근인, 즉 직접적 원인은 이러한 장기적인 예비운동에 불을 지르는 기폭제라 할 수 있는 것으로, 이 기폭제가 없으면 예비운동은 작동하지 않는다.

기폭제는 어떤 사상이 형체를 갖도록 충격을 가한다. 군중이 결연하게 일어서는 것이나 폭동이 일어나고 파업이 선언되어 절대다수가 한 사람에게 권력을 부여해 정부를 전복하게끔 하는 것도 바로 이 직접적인 원인에서 유발된다.

모든 역사적 대사건은 이러한 원인과 근인의 연계적 운동으로 이루어진다. 프랑스혁명 ― 가장 두드러진 예증이기 때문에 인용한다 ― 을 몰고 온 원인(遠因)으로는 철학자들의 저서와 귀족들의 착취, 그리고 과학사상의 발달 등을 들 수 있다. 이미 날카로워진 군중의 심리는 선동가의 연설과 사소한 개혁에 대한 신하들의 항거 같은 직접적 요인이 기폭제로 작용해 즉각 폭발될 수 있었다. 간접적인 원인(遠因)으로는 군중의 신념과 여론의 저변에 깔린 전반적 성격도 지적될 수 있다. 민족, 전통, 시간, 제도, 교육 등이 그것이다.

이제부터 이처럼 상이한 간접적 요인의 영향을 검토해보기로 하자.

가장 강력한 '민족'의 힘

민족이라는 요소는 다른 어떤 요소보다 중요성이 앞서기 때문에 최상위에 두어야 할 것이다. 이 문제는 다른 저서*에서 충분히 다룬 것이므로 여기에서 재론할 필요는 없을 것이다.

이 책에서 역사적 민족이란 무엇이며, 민족의 성격이 일단 형성되면 전통의 법칙 그대로 엄청난 힘을 갖기 때문에 신념, 제도, 예술 등 한마디로 문명의 모든 구성 요소는 민족정신의 표현에 지나지 않는다는 점을 지적했다. 또한 민족성의 힘은 대단히 강력해 한 민족의 기본 요소가 다른 민족에게 이식되려면 가장 원천적인 변혁을 겪지 않으면 안 된다는 사실도 강조한 바 있다.**

- 『민족발전의 심리학적 법칙(Les Lois Psychologiques de l'Évolution de Peuples)』(1894)을 가리킨다. ─옮긴이

- 같은 주장의 타당성은 지금도 생생하게 살아 있다고 생각되며 그것을 고려하지 않고 역사를 이해하기가 어렵기 때문에 필자는 무려 네 장에 걸쳐 이

환경과 상황, 그리고 사건은 그 당시의 사회적 암시를 반영한다. 이러한 것은 상당한 세력을 가질 수도 있지만 민족의 암시에 비하면 일시적 영향력에 지나지 않는다. 사회적 암시는 비교될 수가 없는 것이다.

바로 이 책에서도 몇몇 장은 이 민족성의 영향을 다루게 될 것이며, 민족성은 군중 정신의 특성을 지배할 만큼 강대하다는 것을 알게 될 것이다.

이 때문에 서로 다른 민족의 군중은 서로 다른 신념과 행동을 보이며, 서로 같은 형태의 영향력에 대해 동일한 반응을 보이지 않는다.

문제를 다루었다(『민족발전의 심리학적 법칙』). 이 책에서 독자들은 다소 불완전한 데가 있어 보이겠지만 언어, 종교, 예술 등 한마디로 문명의 어떤 요소도 원형 그대로 한 민족에서 다른 민족으로 이식될 수 없다는 것을 알게 될 것이다.

우상도 폭군도 한순간에 무너지지만

전통이란 과거의 사상, 필요, 감정을 나타낸다. 전통은 민족 정신의 총합이라 할 수 있는 것으로서, 엄청난 힘으로 우리를 구속한다.

발생학이 생물의 진화가 과거의 영향을 크게 받는다는 사실을 밝힌 이후, 생물과학은 크게 변모했고 이러한 착상이 널리 보급될 경우에 역사과학의 모습도 일신하게 될 것이다.

그러나 이러한 착상은 아직 널리 확산되지는 않았고 많은 정치인들도 18세기의 이론가들 수준에서 별로 벗어나지 못한 채 사회가 과거와의 단절, 오직 이성의 지침에 따라 전면적으로 개편될 수 있다고 믿는다.

인간은 다른 유기체와 마찬가지로 과거라는 토양에서 창조된 것으로, 완만한 전통의 축적에 의해서만 수정이 가능하다.

인간에게 지침이 되는 것은 전통이며 인간이 군중을 형성할 때 더욱 그렇다고 봐야 한다. 인간이 전통에 변화를 줄 수 있다고 하지만, 그것은 어떤 경우에서나 여러 번 강조했듯이 명목과 외형적인 것에 지나지 않는다.

이러한 사정을 비관할 필요는 없다. 민족정신도 문명도 전통 없이는 불가능하기 때문이다. 따라서 개벽 이래, 인간의 두 가지 큰 관심은 전통의 체제를 구축하는 일과 그것이 자신의 이익에 봉사하지 못하게 될 때 이를 파괴하려 드는 일이었다.

문명은 전통 없이 존재할 수 없지만, 전통의 파괴 없이 문명이 발전할 수도 없다. 따라서 문제는 ─ 쉬운 일은 아니지만 ─ 안정과 변화의 균형을 찾아내는 데 있다. 지나치게 인습에 젖다 보면 변화가 불가능해지고 중국처럼 개혁에 속수무책이 된다.

이 경우 폭력적 혁명은 전혀 쓸모가 없다. 왜냐하면 조각난 전통의 파편들이 다시 응결해 변화 없는 전통의 왕국이 다시 군림하거나 전통의 파편들이 흩어져 있는 채 무정부 상태와 퇴폐가 지속되기 때문이다.

따라서 인간의 이상은 과거의 제도를 유지하면서 그것을 조용히, 그리고 천천히 개혁하는 데 있다. 이러한 이상의 실현은 결코 쉬운 일이 아니다. 고대의 로마인들과 근대의 영국인들만이 이러한 이상을 실현할 수가 있었다.

전통사상을 집요하게 고집하고 변화에 가장 완강하게 저항하는 것은 군중이다. 이것이 특히 두드러지게 나타나는 것은 군중의 유형이 계급적인 경우이다. 나는 앞에서 군중의 보수주의 정신을 강조한 바 있고 가장 격렬한 항쟁도 표현과 용어의 변경으로 끝난다는 것을 지적한 바 있다.

18세기 말엽 – 프랑스혁명 당시 – 교회가 파괴되고 성직자들은 추방당하거나 단두대에서 사라지는 현실을 목격했을 때, 과거의 종교사상은 그 세력을 상실한 것으로 생각되었을 것이다. 그러나 몇 년이 지나지 않아 폐지되었던 예배 모임이 일반 여론에 따라 부활되었다.* 한동안 말살되었던 과거의 전통은 활기를 되찾게 되었다.

군중심리에 도사린 전통의 힘을 이 이상 과시한 두려운 우상도 사원에서 영주(永住)할 수는 없으며, 아무리 혹독한 폭군도 궁정에서 영주하지는 못한다.

우상도 폭군도 한순간에 무너진다. 그러나 우리 자신의 마음속 깊이 자리 잡고 있는 보이지 않는 지배자(전통)은 어떠한 저항에도 끄떡하지 않으며 수백 년의 세월 앞에서만 자리를 양보한다.

---

* 역사가인 히폴리트 텐이 인용한 과거 국민의회파 의원이었던 앙투안 프랑수아 푸르크루아(Antoine François Fourcroy)의 보고서는 이 현상을 다음과 같이 선명하게 분석했다. "…… 어디서든 주일을 지키고 교회에 나가는 일을 볼 수 있는 것은 대부분의 프랑스인이 옛날 관습으로 되돌아가기를 소망하고 있음을 증명한다. 마음에서 우러나오는 이러한 자연적 흐름을 더는 막으려 해서는 안 될 것이다. …… 대부분의 사람들은 종교와 예배를 위한 집회, 그리고 성직자를 필요로 한다. 나 자신도 한때 거기에 심취해 있었지만 종교적 편견을 제거할 만큼 교육이 보편화될 수 있다고 믿게 한 것은 일부 근세 철학자들의 실수였다. 종교적 편견이야말로 대부분의 불행한 사람들에게 위로의 원천이다. …… 대중에게는 성직자와 제단과 예배가 허용되어야 한다."

시간은 모든 인간의 주인

생물학적인 문제에서와 마찬가지로 사회적인 문제에서도 시간(세월)은 가장 역동적인 요소 중 하나이다.

시간은 가장 위대한 창조자인 동시에 가장 위대한 파괴자이다. 모래알을 모아 산을 만든 것도, 태고의 하찮은 세포로 인간의 존엄한 존재를 창조한 것도 시간이다. 시간은 어떤 현상도 변화시킬 수 있다. 시간만 충분히 주어지면 한 마리 개미가 몽블랑을 무너뜨릴 수 있다는 말은 정확한 관찰이다. 흘러가는 시간의 마력을 구사할 수만 있다면 신앙자들이 신을 갖고 있는 것으로 믿는 그러한 위력을 발휘할 수 있을 것이다.

그러나 이 자리에서는 군중의 여론 발생에 시간이 미치는 영향만을 고찰하기로 한다. 이러한 관점에서 본 시간만 해도 그 힘은 대단하다. 민족정신과 같은 거대한 세력도 시간에 좌우되며 시간이 없이는 형성되지 않는다. 여러 가지 신념이 발생·생장·소멸하는 것도 시간의 힘이다.

이러한 신념이 세력을 얻는 데도 시간의 도움이 크고, 세력을 잃는 데도 시간이 크게 작용한다. 특히 군중의 여론과 신념을 태동시키거나 적어도 그러한 소지를 마련하는 것은 시간이다.

바로 이 때문에 어떤 사상이 어느 시대에는 실천이 되지만 다른 시대에는 실현이 불가능해진다.

일정한 시기에 싹이 돋아나도록 신념과 사상의 토양을 쌓은 것도 시간이다. 신념과 사상은 우연히 아무렇게나 자라나지 않는다. 그 뿌리는 먼 과거에까지 뻗치고 있다. 이것이 꽃필 때까지 시간은 준비해온 것이다. 따라서 근원을 알려면 과거로 거슬러 올라가 찾아야 한다.

어떤 신념이나 사상은 과거의 소산이며 미래의 모체이므로 시간의 노예에 불과하다. 시간은 결국 인간의 진정한 주인으로서, 모든 것이 변하기를 바란다면 시간에 자유롭게 맡겨버리면 된다.

오늘날 우리는 군중의 위협적인 야망과 이들이 야기하고 있는 파괴와 격동에 불안해하고 있다. 시간만 있으면 다른 도움 없이도 균형의 회복은 가능하다. 에르네스트 라비스(Ernest Lavisse)는 이렇게 말한다.

어떤 정치체제도 하루아침에 이루어진 것이 아니다. 정치적·사회적 조직은 수백 년이 걸린 작업의 결과이다. 봉건제도라는 것도 질서를 확립하기까지 수 세기 동안을 엉성하고 혼란한 상태로 존속해 있었다. 절대군주도 수백 년이 걸려서야 질서 있는 통치수단을 발견하게 되었으며, 그동안의 열망과 갈등은 정말로 대단한 고통이었다.

정치제도는 사상·감정·관습의 산물

제도가 사회체제의 결점을 시정할 수 있고 제도와 정부를 개혁해야 국가 발전이 가능하며, 사회 발전도 법령으로 가능하다는 발상은 지금도 널리 수긍된다. 이것이 바로 프랑스혁명의 출발점이었고, 오늘날의 사회주의 이론도 이것을 바탕으로 한다. 가장 지속적인 체험도 바로 이러한 중대한 오류를 깨우치는 데 실패했다. 철학자들과 역사학자들도 그러한 사고의 불합리성을 논증하려 시도했지만 헛수고였다.

그러나 이들은 제도라는 것이 사상, 감정, 관습의 산물이라는 것, 그리고 사상, 감정, 관습은 법령을 바꾼다고 해서 바뀌는 것이 아니라는 것을 논증하는 데 큰 곤란을 겪지는 않는다.

민족은 자기 눈 색깔과 머리 색깔을 마음대로 선택하지 못하는 것과 마찬가지로 제도 역시 마음대로 선택하지 못한다. 제도와 정부는 민족의 소산이다. 제도나 정부는 시대의 창조자가 아니라 반대로 시대의 창조물이다. 국민은 일시적 기분에 따라 통치되는 것이 아니며 성격에 따라 스스로 어떻게 통치될 것인가를 자신들이 결정한다.

하나의 정치체제를 구축하는 데도 수백 년이 걸리지만, 그것을 바꾸는 데도 수백 년이 필요하다. 제도는 고유의 미덕을 갖고 있지 않다. 그 자체는 좋은 것도 나쁜 것도 아니다. 어떤 시대의 어떤 국민에게 좋았던 제도가 다른 국민에게는 치명적 상처를 주는 수도 있다.

어떤 국민에게 자신의 제도를 명실상부하게 바꿀 힘이 주어지는 것도 아니다.

물론 격렬한 혁명의 대가를 치르고 이름을 바꿀 수는 있다. 그러나 이름만 바꾸었을 뿐 본질은 그대로 남는다. 사물의 본질을 파고들어야 하는 역사는 이러한 무가치한 명칭에 구애될 필요가 없다. 예를 들면 세계에서 가장 민주적인 국가인 영국*이 군주 정부하에 있고, 이와 대조적으로 스페인계 중남미 여러 나라가 공화주의 헌법에도 불구하고 가장 혹독한 전제주의의 탄압을 받고 있는 것도 바로 이 점을 말해주는 것이다.

* 공화주의가 가장 발달한 미국에서도 이러한 점을 인정하고 있다. 미국의 잡지 ≪포럼(The Forum)≫은 가장 명확한 표현으로 이러한 견해에 관해 언급하는데, ≪비평의 비평(Review of Reviews)≫의 1894년 12월호에 실린 내용을 그대로 옮기면 다음과 같다. "귀족제도를 철저하게 반대하는 이까지도 세계에서 가장 민주적인 나라가 영국이라는 것을 잊어서는 안 될 것이다. 영국에서는 개인의 권리가 가장 존중되고 있으며, 개인은 가장 폭넓은 자유를 향유하고 있다."

국민의 운명은 자신의 민족에 좌우되는 것이지 정부 형태에 좌우되는 것이 아니다. 나는 다른 저서에서 유형별 사례를 제시해 가면서 이 점을 논증하려 시도했었다.

제도를 이리저리 뜯어고치느라 시간을 허비한다는 것은 결국 어린아이 장난이요, 무지한 수학자의 심심풀이에 지나지 않는다. 필요와 시간이라는 두 요인은 우리가 지혜롭게 그 작동을 허용하는 이상 알맞은 제도를 고안해낼 것이다.

이것이 바로 앵글로색슨족이 채택하고 있는 방침이며, 그들 역사학의 거봉인 토머스 매콜리(Thomas Babington Macaulay)가 모든 라틴계 정치인들이 진심으로 배워두어야 할 명언을 남겼는데, 우리에게는 뼈아픈 충고가 아닐 수 없다.

매콜리는 순수이성의 관점에서 볼 때 불합리하고 모순투성이인 법률로 성취될 수 있는 여러 가지 이점을 예시한 다음, 라틴 민족들의 격동기에 도입된 많은 제도와 영국의 제도를 비교함으로써, 영국의 제도는 천천히 부분적으로 변화되어왔고 직접적인 필요의 산물이지 사변적인 추리의 산물이 아니라는 점을 지적한다.

편의를 생각했지 균형은 전혀 고려하지 않았다. 변칙이라는 이유만으로 변칙을 제거하지는 않았고, 폐단이 나타나기 이전에는 개혁하지 않았으며, 폐단을 시정하는 이외의 개혁도 하지 않았고, 어떤 특수한 경우에 필요한 조항 이상을 마련하지도 않았다. 이것이 존 왕에서 빅토리아 대왕에 이르기까지 250회기 동안 영국 의회를 이끈 일반적인 지침이었다.

법률과 제도가 얼마만큼 민족의 필요를 반영했고 그것이 너무 과격한 전환이어서 민족의 필요를 반영할 수 없었는지를 알아보려면 모든 국민의 법과 제도를 하나하나 검토하지 않으면 안 될 것이다.

예를 들면 중앙집권제도의 장점과 단점을 철학적 논설로 전개할 수는 없다. 그러나 아주 다양하게 구성된 민족이 중앙집권제의 실현을 위해 천년 동안이나 노력했고, 과거의 모든 제도를 때려 부수려고 일어선 대혁명이 중앙집권제를 받들지 않을 수 없었다는 것, 그리고 그것을 더욱 강화하지 않으면 안 되었던 사실을 감안할 때 중앙집권제는 절대적 필요의 소산이자 민족 생존의 조건이라는 것을 인정하지 않을 수가 없으며, 중앙집권제를 부수자고 나서는 정치인들의 빈약한 식견에 동정을 금할 수가 없다.

만약 이러한 정치인들이 우연히 그러한 시도에 성공한다고 해도 그러한 성공은 참담한 내란의 신호가 되거나* 심지어 이전

---

* 프랑스에서는 심각한 종교적·정치적 분쟁이 여러 당파를 형성하게 했고, 특히 그것이 사회문제 때문이라는 사실을 감안할 때, 그리고 대혁명 때 표방되었고 보불전쟁이 끝날 무렵 재현된 분리주의 운동을 감안할 때 프랑스에 존재하는 여러 민족이 완전히 융합된 것으로 보기는 어렵다. 대혁명에 의한 강력한 중앙집권화와 고대의 속주를 통합하기 위한 새로운 행정구역의 설치는 가장 유용한 작업이었다. 만약 오늘날 근시안적인 인사들이 애석해하고 있는 지방분권주의가 그 당시 실현되었더라면 즉각 유혈의 참극이 빚어졌을 것이다. 이러한 사실을 도외시하는 것은 프랑스의 전체 역사를 무시하는 격이 된다.

보다 더 탄압적인 새로운 중앙집권제의 등장을 초래하는 데 그치고 말 것이다.

이상에서 끌어낼 수 있는 결론은 제도가 군중의 마음에 결정적 감화를 주는 수단이 못 된다는 사실이라 하겠다.

미국 같은 나라는 민주주의 제도 아래서 고도의 번영을 누리고 있지만, 중남미의 스페인계 국가들은 같은 제도인데도 처참한 혼란 상태를 겪고 있는 것을 볼 때, 제도란 어떤 민족의 위대성이나 어떤 민족의 퇴폐성과는 무관한 것이라 생각할 수밖에 없다.

국민은 민족성의 지배를 받으며, 이러한 민족성을 구체적인 모델로 하지 않는 한, 어떤 제도라 해도 빌려 입은 옷 같은 일시적 분장에 지나지 않을 것이다.

복지를 창조하는 성도(聖徒)의 유품과 같은 초자연적이고 신통력 있는 제도를 수립하기 위해 처절한 싸움과 폭력혁명이 전개되어왔고 앞으로도 계속될 것은 분명한 사실이다. 그렇다면 어떤 의미에서 제도는 그러한 대변혁을 몰고 오기 때문에 군중의 마음을 다시 자극할 수 있다는 이야기가 된다.

그러나 현실적으로 제도는 그러한 식으로 자극하지 않는다. 왜냐하면 제도 자체는 승리한 것이건 패배한 것이건 어떤 속성적 가치를 갖고 있는 것이 아니기 때문이다. 군중의 마음을 움직이는 것은 환상과 언어이다.

특히 언어는 괴물 같은 힘을 발휘하는데, 그 가공할 위력에 관해서는 뒤에서 논하기로 한다.

왜 교육받은 자의 범죄가 늘어나는가

이 시대를 지배하는 사상 가운데 가장 두드러진 것은 교육을 통해 인간을 딴판으로 고칠 수가 있고 철저히 시행만 되면 개조뿐 아니라 동일하게 만들 수도 있다는 생각일 것이다.

단순히 되풀이된 사실 그것만으로 이러한 주장은 결국 가장 확고부동한 민주주의의 도그마가 되고 말았다. 과거에 교회의 도그마를 공격하기가 어려웠듯이 이 도그마는 현재 난공불락이다.

다른 면에서도 그렇지만 바로 이 점에서도 민주주의 사상은 심리학이나 경험의 법칙과 심각한 차질을 드러내고 있다.

여러 저명한 철학자, 특히 그 가운데 허버트 스펜서 같은 학자는 교육이 인간을 보다 도덕적으로 만들거나 행복하게 하지 않는다는 것, 또한 교육이 인간의 본능을 변화시키거나 유전적 격정을 변화시키지도 않으며 우연히 그러한 현상이 일어난다 해도 — 나쁜 방향에서 필요로 하는 수가 많기 때문에 — 유익하기보다는 유해하다는 것을 어렵지 않게 논증하고 있다.

통계학자들은 교육의 보편화 또는 적어도 어떤 형태의 교육 보급으로 범죄가 늘고 있다는 사실을 제시함으로써 그러한 주장을 뒷받침하고 있다. 또한 사회의 가장 만성적인 적이라 할 수 있는 아나키스트들이 학교 때의 우등생들 가운데서 가장 많이 나오고 있다는 점도 지적된다. 그런가 하면 저명한 법관인 아돌프 기요(Adolphe Guillot)는 현재 교육받은 범죄자와 문맹의 범죄자 비율이 3000 대 1000이고, 지난 50년 동안 인구당 범죄자 수가 10만 명당 227명에서 552명으로 무려 133% 증가했음을 밝히고 있다.

　그는 또 도제교육 대신에 누구나 알다시피 ― 프랑스에서는 ― 무상의 의무교육을 받은 청소년들의 범죄가 특히 더 증가하고 있다는 사실을 동료들과 함께 지적하고 있다.

　잘 편성된 교육이 도덕의 수준을 향상시킨다는 의미에서라면 몰라도 최소한 전문적 능력을 개발시킨다는 의미에서 유용한 실용적 성과를 기대할 수 없다는 주장은 받아들이기가 어렵고 또 실제로 그러한 주장을 내세운 사람은 없다.

　그러나 불행하게도 라틴계의 여러 주민들은 지난 25년간 전혀 잘못된 원리에 입각해 교육제도를 수립했고 미셸 브레알(Michel Bréal), 퓌스텔 드 쿨랑주, 히폴리트 텐 등 저명한 인사들의 지적에도 불구하고 아직도 한심한 실책을 되풀이하고 있다.

　필자도 다른 저서에서(『사회주의 심리와 교육의 심리』) 밝힌 바 있지만, 프랑스의 교육제도는 피교육자의 대다수를 사회의 적으로 만들고 가장 나쁜 형태의 사회주의 기수들을 키워내고 있다.

　적절하게도 라틴적이라는 세평(世評)이 있는 이러한 교육제도의 근본적 위험은 지능이란 교과서의 암송에 의해 개발될 수 있다는 심리학적 오류를 기초로 하고 있는 점에 있다. 이러한 관점을 받아들여 가급적 책 속의 지식을 많이 주입시키는 데만 골몰하게 되었다.

초등학교에서 대학을 졸업할 때까지 청소년들은 오직 책을 암송할 뿐 자신의 판단력이나 개인적 독창력이 발휘될 기회가 없다. 이들에게는 암송하고 복종하는 것이 교육의 전부였다. 문화부장관을 지낸 바 있는 쥘 시몽(Jules Simon)은 다음과 같이 말했다.

> 학과를 배우고 문법이나 개요를 외우고, 잘 복창하고, 또 잘 모방하고 ─ 이것이야말로 가소로운 형태의 교육이 아닐 수 없다. 이러한 교육은 교사의 불가류성(不可謬性)을 은연중 신앙하는 안간힘이라 하겠고, 결과는 우리 자신의 왜소화, 우리 자신의 무력화로 끝나고 만다.

이러한 교육이 단지 쓸모없는 데서 그친다면 초등학교에서 유익한 학습을 하는 대신 클로테르(Clotaire) 가문의 계보학이나 뇌스트리(Neustrie) 집안과 오스트라지(Austrasie) 가문의 싸움, 또는 동물학적 분류에 몰두해야 하는 아이들에게 연민의 정을 느끼는 것으로 끝날 수도 있을 것이다.

그러나 이 교육제도가 안고 있는 위험은 그 정도가 아니라 훨씬 심각하다. 이러한 교육을 받은 사람은 자신이 태어난 상태에 대해 격렬한 혐오감을 갖게 되고 거기에서 벗어나려 발버둥을 치게 된다.

노동자는 더 이상 노동자가 되지 않으려 들고 농민은 농사일을 팽개치려 드는가 하면, 중산계층의 보잘 것 없는 사람들도 자식들을 국록 받는 관리를 만드는 데 기를 쓸 뿐 다른 자리는 생각조차 하지 않는다. 프랑스의 학교는 인생을 준비시키는 교육이 아니라 공직을 차지하는 교육만을 준비시키고 있는데, 그러한 공직에서는 자율성의 필요도 없고 개인적 독창성의 자질이 전혀 없이도 성공할 수가 있다.

이러한 제도로 인해 사회의 저변에는 자신의 처지에 대한 불만으로 가득 차 여차하면 들고 일어설 기세인 무산집단으로 꽉 차게 된 반면, 상층부에는 회의적이면서도 쉽게 믿는 부류의 인간들, 국가를 거의 미신적으로 신뢰하고 신의 섭리를 생각하면서도 부단히 적대시하기를 잊지 않는, 그리고 자신의 허물을 정부에 둘러씌우면서도 당국의 배려가 없이는 쥐꼬리만 한 기업조차도 운영할 능력이 없는 유산집단이 몰리게 되었다.

교과서를 통해 각종 자격증 소지자를 대량으로 생산해내는 국가는 그들 가운데 극소수를 활용할 뿐 대부분을 실업자로 어쩔 수 없이 방치해놓고 있다.

따라서 국가는 자신이 채용한 극소수를 먹여 살리는 대신 대다수를 적으로 돌려놓게 되었다. 이렇게 해서 말단의 서기직부터 꼭대기의 교수나 지사직에 이르는 사회의 피라미드에는 자격증을 자랑하는 구직자들이 몰려들고 있다.

기업인들은 해외 식민지에 내보낼 마땅한 간부를 찾지 못해 허덕이는데도 수천 명의 인재들이 높지도 않은 관직을 차지하려고만 발버둥이다. 센현에만 해도 초등학교 교사 자격증을 가지고도 취직하지 못한 남녀가 2만 명에 이르며, 이들 대부분이 농사나 공장을 경멸하면서 생계를 국가가 해결해줄 것을 요구하고 있다.

선택되는 사람의 수효는 제한되어 있기 때문에 불평불만자는 늘게 마련이다. 이러한 불만 세력은 어떤 혁명이건 누가 영도하건 노리는 바 목적이 무엇이건 뛰어들려는 폭발 직전 상태에 있다. 쓸모없는 지식의 획득은 반란을 일으키는 가장 확실한 불씨가 될 뿐이다.*

이미 때가 늦어 새로 시작할 수도 없게 되었지만, 만인의 최

---

* 이러한 현상은 비단 라틴계의 국가에만 한정되지는 않는다. 중국의 경우도 비슷하다. 중국에서는 고급관리인 만다린과 지방관리들이 철저한 위계질서를 유지하고 있는데, 프랑스와 마찬가지로 경쟁시험을 통해 직책이 부여되며 유일한 시험 과목은 방대한 책자를 침착하게 암송하는 것에 불과하다. 오늘날 중국에서는 교육을 받고도 일자리가 없는 사태를 심각한 국가적 재난으로 여기고 있다. 인도에서도 사정은 마찬가지이다. 영국인들이 학교를 세우기는 했지만 영국에서처럼 교육에 목적이 있는 것이 아니라 현지 주민들에게 지식을 공급하기 위한 것이었기 때문에 바부스(Baboos)라는 교육받은 사람만의 특수계급이 형성되었고, 이들은 일자리를 얻지 못할 경우 영국의 지배에 대한 골수적인 저항세력이 되었다. 바부스 계급의 경우에는 취직이 되건 안 되건 지식 획득의 1차적 성과는 도덕 수준의 저하로 나타났다. 이러한 사실은 내가 『인도의 문명(Les Civilisations de l'Inde)』(1887)이라는 책에서도 구체적으로 지적한 바 있고 이 아시아 대륙을 방문한 많은 인사들도 이를 확인하고 있다.

고 교육자라 할 수 있는 체험만은 우리의 과오를 정확히 지적해줄 것이다. 가증스러운 교과서와 궁상맞은 시험 대신 산업지식을 도입해야 할 필요성은 체험 그것만으로도 충분히 입증되며, 그렇게 해야만 젊은이들이 지금까지 질색하면서 가지 않으려고 했던 농촌과 공장, 식민지로 이들을 유도할 수가 있을 것이다.

오늘날 개화된 사람들이 한결같이 바라고 있는 실업교육은 우리의 조상들이 받아온 교육이다. 오늘날 자신의 의지력과 창의력 그리고 기업정신으로 세계를 지배하고 있는 국가에서는 실업교육이 활발하게 실시되고 있다.

위대한 사상가인 히폴리트 텐은 아주 예리한 분석으로 — 중요한 대목은 뒤에 인용할 생각이다 — 과거의 프랑스 교육제도가 오늘날 영국과 미국에서 성행되고 있다는 것을 선명하게 예증하면서 라틴족과 앵글로색슨족의 교육제도를 설득력 있게 비교해 두 가지 방법의 결과를 간단명료하게 설명하고 있다.

만약 지식의 피상적 습득이나 방대한 서적의 빈틈없는 암송이 지능의 수준을 향상시켜주는 것이라면 불평불만의 인간을 양산해내고 인간생활에 부적합한 인간만을 키워낸다 해도 울며 겨자 먹기로 불리한 우리 고전교육을 밀고 나갈 수밖에 없다고 생각할 수 있을 것이다.

그러나 과연 지능의 향상만이라도 이루어지고 있는가? 천만의 말씀! 인생에서 성공할 수 있는 조건은 판단력, 체험, 창조성, 인격을 갖추는 것인데 이러한 자질은 책에서 얻어지지가 않는다. 책은 사전 같은 것으로 참고하는 데는 유용할 뿐, 그것을 머릿속에 많이 집어넣는 것은 완전히 헛수고인 것이다.

　고전교육보다 실업교육이 효과적으로 지능을 개발할 수 있는 것은 무엇 때문일까? 이 문제에 관해서는 히폴리트 텐이 잘 설명해준다.

　사고는 오직 자연스럽고 정상적인 환경에서만 형성된다. 그리고 젊은이가 공장에서, 광산에서, 법정에서, 서재에서, 병원에서 그리고 연장이나 재료를 보거나 작업에 임할 때, 이익이 크고 적은 고객이나 직공 또는 잘된 작업과 잘못된 작업을 접할 때 감각을 통해 일상적으로 받아들이는 수많은 인상들이 지능의 성장을 촉진한다. 이렇게 해서 눈과 귀와 손, 심지어 후각을 통해서 구체적으로 받아들인 하찮은 지각(知覺)들이 어느 결에 응결되고 형태를 갖추게 되면서 이런저런 개념이 결합되고 정리되고 조직화되고 개선되고 창안된다. 프랑스의 젊은이들은 혈기가 한창 왕성할 바로 그 시기에 이런 중요한 사회적 접촉과 단절당하고 동화(同化)의 필수적 요인들로부터 격리당한다. 7~8년 동안을 줄곧 학교 안에 갇혀 있기 때문에 인간과 사물 그리고 그러한 것을 다루는 방법에 대한 정확한 식견을 얻을 수 있는 대인 접촉이 차단당하는 것이다.

　적어도 열 사람 가운데 아홉 사람은 그들의 일생에서 결정적이라고도 말할 수 있는 중요한 몇 년을 시간과 노력의 낭비로 보내버린다. 구체적으로 따져보면 우선 시험에 실패한 사람이 절반 또는 3분의 2쯤 된다. 졸업장이나 자격증 또는 학위를 받은 사람 가운데도 절반이나 3분의 2쯤은 과로 상태에 빠지게 된다. 이들에게는 너무 많은 부담이 강요되어 어떤 날은 두 시간 계속 의자에 앉거나 흑판 앞에 서서 여러 학과에 대한 살아 있는 지식의 창고가 되어야 한다. 현실 적으로 이들이 어느 날 지식의 창고가 되거나 그와 유사한 역할을 하는 것은 사실이나, 한 달이 지나면 이미 다 잊어버려 그렇게 될 수 가 없다. 시험을 다시 본다면 낙방이 되는 것은 불문가지의 일이다. 이들의 너무나 방대하고 벅찬 지식은 머릿속에서 하나하나 줄기차 게 빠져나가지만 새로운 것으로 채워지지는 않는다. 이들의 지능적 발랄함은 시들해지고 성장의 소지도 고갈되고 굳을 때까지 굳어버 린 인간이 되고 심지어 고물 인간이 되어버린다. 다람쥐 쳇바퀴 돌 듯 한없이 되풀이되는 생활을 하는 동안 주어진 기능에 갇혀버리고, 이것을 요령껏 해낼 뿐 그 이상 아무 일도 못 하는 인간이 되고 만 다. 이것이 평균적인 수확이고 보면 쓸어 넣은 투자에 비해 어이없 는 결과인 것이다. 영국과 미국에서는 반대로 1789년 이전의 프랑 스식 교육이 실시되고 있는데 투자와 효과의 비율은 동등하거나 효 과가 월등한 것으로 나타나고 있다.

저명한 심리학자이기도 한 히폴리트 텐은 프랑스(라틴계)와 앵글로색슨의 제도적 차이를 대충 다음과 같이 지적하고 있다.

영국이나 미국에는 프랑스의 그 많은 특수학교가 없다. 그들은 교육 을 교과서 학습을 중심으로 하지 않고 실습을 중심으로 한다. 예를 들면 엔지니어는 학교 아닌 공장에서 배우는데, 이러한 방법은 개인으로 하여금 지능의 한계에 이를 때까지 올라가도록 허용하게 된다. 그는 직공이나 직공장에 그칠 수도 있고 적응력이 있으면 엔지니어가 될 수도 있다. 열아홉이나 스무 살에 고작 몇 시간의 시험으로 인생을 걸게 하는 것보다 얼마나 민주적이고 사회적으로도 유익한 방법인가.

학생들은 아주 젊은 나이로 병원, 광산, 공장, 또는 건축사나 변호사의 사무실에서 도제살이를 시작하여 한 단계 한 단계 밟아가는 것이 프랑스에서 볼 수 있는 법률사무소의 사법서사나 스튜디오의 예술가와 비슷하다. 전에 이미, 다시 말해 실습을 하기에 앞서 이들은 교육의 일반적 개요의 과정을 밟았기 때문에 이제 시작하려는 관찰의 흡수 역량은 충분히 갖춰진 셈이다. 그뿐 아니라 대체로 노는 시간에도 여러 가지 기술 과정을 익혀 그가 매일매일 습득하는 일과훈련에 하나하나 연결시킬 수가 있다. 이러한 제도 아래서는 실무 능력이 학생의 능력과 정확한 비율로 배양될 수가 있고, 장래에 그가 맡은 과제가 요구하는 방향에 맞추고 또 앞으로 자신이 하고 싶은 특수한 작업 방향에 맞춰서 배울 수 있다. 이러한 방법을 통해 영국이나 미국의 젊은이들은 빠른 시일 안에 자신의 능력을 최대한 발휘할 수가 있게 된다. 이들은 25세 또는 그 이하의 나이에서도 재료와 부품만 있으면 능숙한 솜씨를 발휘할 뿐 아니라 자동적인 기업가로 전신할 때도 있다. 이들은 또 단순한 기계의 부속품이 아니라 모터 역할도 한다. 영국이나 미국과는 대조되는 제도를 갖고 있는 프랑스에서는 세대에서 세대로 시간이 흐르면 흐를수록 중국을 닮아가는 현상을 보이고 있으며 힘의 낭비가 엄청나다.

위대한 철학자인 히폴리트 텐은 라틴 민족의 교육제도와 실생활의 요구 사이에 있는 갈등에 대해 다음과 같은 결론을 내리고 있다.

유년기, 소년기, 청년기 등 3단계 교육의 교과서에 의한 이론적 현학적 준비 기간이 너무 길고 시험에만 과도하게 치중되어 있다. 다가올 장래를 고려치 않는 성인이나 성인의 기능을 전혀 배려하지 않는 젊은이들이 곧 부딪치게 될 현실 사회에 대한 대비책이 없이 우리가 지금 살고 있는 사회에 대해 적응하는 방법도 일찌감치 포기하는 방법도 전혀 배려하지 않는다. 인간이 서로 얽혀 싸우는 투쟁의 방법이나 자기방어를 하면서 살아가자면 무장하고 훈련되고 단련되어야 하는데도, 이러한 것에 대한 대비는 없이 오직 자격증, 졸업증, 학위를 따내도록 최악의 수단이 동원되고 억지로 반사회적 제도가 마구 도입되고 실습 시간이 한없이 연기되는가 하면 기숙학교, 가공실습, 기계적 벼락공부, 과잉학습이 판을 치고 있다. 프랑스의 학교는 사회생활에서 요구되는 필수의 무장, 무엇보다 더 중요한 수련, 건실한 상식, 기백, 의지력을 젊은이들에게 심어주지 않는다. 앞으로 부딪치게 될 실생활에 잘 적응하도록 만들어주는 것이 아니라, 오히려 적응력 상실 상태로 만들고 있는 것이다. 결국 사회에 진출하고 보면 첫 발자국부터 실패의 연속이고 이 여파로 오랫동안 상처와 좌절로 지새게 되고 때로는 불구인생이 되어버린다. 시험도 가혹하고 위험스러운 것이어서 그 과정을 겪는 동안 심리적·정신적 타격이 심해 사실상 재기불능의 모험을 하고 있는 것이다. 그리하여 돌연 미몽에서 깨어나게 된다. 그러나 너무 깊은 환각에서 깨어났기 때문에 실망 또한 뼈아프다.*

군중심리를 이야기하다 옆길로 빠진 것은 아닐까? 결코 그렇

---

* 히폴리트 텐의『근대제도(Le Régime moderne)』제2장에서 인용한 대목이다. 이 페이지들은 텐이 쓴 거의 마지막 부분이다. 이 부분은 위대한 철학자의 오랜 경험을 훌륭하게 압축하고 있다. 그러나 개인적인 생각이지만 해외에서 살아본 경험이 없는 우리 대학의 교수들은 불행하게도 이해가 가지 않을 것 같다. 교육은 국민정신에 영향을 줄 수 있는 우리가 가진 유일한 수단이며, 만약 프랑스의 어느 누구도 현재의 교육제도가 급격한 퇴폐 경향의 결정적 요인이 되고 있으며 이로 인해 젊은이들이 도덕적으로 향상되는 것이 아니라 저하되고 악용당한다는 것을 간파하지 못한다면 실로 엄청난 비극이라 하겠다.
텐의 주장과 부르제(Paul Bourget)가 그의 뛰어난 저서인『저 바다 넘어(Outre Mer)』에서 밝힌 견해와 비교해보는 것이 좋은 참고가 될 것 같다. 부르제는 프랑스의 교육이 창의력과 의지력이 결핍된 소심한 부르주아지 또는 아나키스트들을 키울 뿐이라고 지적한 다음 "이처럼 한결같이 유해한 문명인의 유형은 무력한 범인(凡人)으로 전락하거나 불온한 파괴성으로 치닫는다"라고 단정했는데, 내가 보기에는 타락자의 제조소인 프랑스의 공립학교(Lycées)와 인간을 훌륭하게 생활에 준비시키는 미국의 학교를 대비시킨다는 것은 깊이 생각할 엄두가 나지 않나 싶다. 진정한 민주주의 국민과 말로만 떠들었지 머릿속에는 전혀 민주주의가 박혀 있지 않은 국민 사이에 얼마나 차이가 나는지 이러한 비교가 선명하게 밝혀주고 있다.

지가 않다.

우리가 지금 군중의 마음속에 싹트고 있고 내일이라도 폭발할지 모르는 사상이나 신념을 이해하려면 그것이 형성되기까지의 준비 과정을 알아야 한다.

국가가 그 나라의 젊은이들에게 무엇을 가르치는지를 알면 그 나라가 앞으로 어떻게 될 것인지 짐작할 수 있다. 당대에 맞춰진 교육은 가장 우울한 전조(前兆)를 정당화한다.

군중의 정신이 향상되거나 격하되는 데는 계도(啓導)나 교육이 상당한 영향을 준다. 따라서 군중의 심리가 현행 교육제도에 어떻게 영향을 받고 무관심하거나 중립적 입장을 지켜온 군중이 어떻게 해서 점차적으로 불만 세력에 합세하고 유토피아 혹은 수사학의 암시에 맹종하게 되는지 알아볼 필요가 있는 것이다.

오늘날 사회주의자나 아나키스트가 키워진 곳은 교실이며 라틴 민족들이 퇴락 시대의 길을 닦은 곳도 바로 교실이었다.

무엇이 군중행동을 유발시키는가

지금까지 우리는 군중의 마음속에 특이한 감응성을 심어주고 일정한 감정과 사상을 싹트게 하는 간접적이고 밑거름이 되는 요인들을 고찰해왔다.

이제부터는 직접 행동을 유발시키는 요인들을 검토할 차례이다. 우리는 다음에 이러한 요인들이 최대의 효과를 발휘하기 위해서는 어떻게 작동되어야 하는지 검토할 예정이다.

이 책의 앞부분에서 집단의 감정과 사상, 그리고 추리의 방법 등을 고찰한 바 있는데, 여기에서 얻은 지식을 종합함으로써 집단의 심리에 영향을 줄 수 있는 방법을 객관적으로 추론할 수가 있을 것이다. 우리는 이미 무엇이 군중의 상상력을 자극하는 것인지를 알고 있으며, 특히 표상이나 우상의 형태로 제시되는 암시가 갖는 힘과 전파력에 대해서도 파악했다. 그러나 암시의 장본인이 달라짐에 따라 요소가 군중의 심리에 미치는 효과도 상당히 달라진다.

군중이란 옛날 우화에 나오는 스핑크스 같아서 군중의 심리가 제기하는 문제를 해결하지 않으면 안 된다. 그렇지 않으면 우리 자신이 그 문제에 말려들게 된다.

돌풍을 일으키는 표상·언어·표어

군중의 상상력이 특히 영향을 받는 것은 이 표상이 주는 인상이며, 이 점은 군중의 상상력을 분석할 때 얻은 결론이다. 그러한 표상은 어느 때나 쉽게 잡히는 것이 아니지만, 언어와 표어를 요령 있게 구사해 이미지, 즉 표상을 부각시킬 수가 있다. 언어와 표어를 구사해서 부각시킨 표상을 교묘히 조정하면 그 옛날 마술사가 발휘했던 것과 같은 불가사의한 힘을 빈틈없이 뿜어낸다.

이것은 군중의 심리에 무서운 돌풍을 일으킬 수도 있지만, 반대로 잠재울 수도 있다.

언어와 표어에 희생된 인간들의 뼈를 쌓아 올린다면 옛날 파라오가 세웠다는 피라미드보다 더 웅장하고 높은 탑이 될 것이다.

언어의 힘은 언어가 부각시키는 이미지(표상)에서 나오는 것이지 그 자체의 의미와는 전혀 무관하다. 가장 왜곡된 언어가 엄청난 위력을 발휘하는 수도 있는 것이다.

예를 들어 민주주의, 사회주의, 평등, 자유 등등의 언어들이 바로 그것인데, 이러한 말은 대단히 애매하기 때문에 정확히 정의하려면 몇 권의 책으로도 모자랄 것이다. 그러나 실로 헤아릴 수 없는 마력이 이러한 언어들에 들어 있고, 마치 이 짧은 몇 마디가 만병통치인 양 여겨지고 있는 것이 엄연한 현실이다. 이러한 언어들은 한없이 다양한 소망과 그것을 실현하려는 희망을 포용하고 있다.

이성이나 논증은 어떤 언어나 표어와도 싸울 수 있는 상대가 되지 못한다. 언어나 표어는 군중 앞에 엄숙히 선언되어 일단 선언되기만 하면 들은 사람 모두가 경의에 찬 얼굴로 머리를 숙인다. 많은 사람은 그것을 자연적인 힘이라고 보는가 하면, 초자연적 마력으로도 본다.

언어와 표어는 군중의 마음속에 과대하고도 모호한 이미지를 심어주며, 이런 막연한 이미지가 군중을 오묘한 경지로 이끌고 신비로운 힘을 발산케 한다. 언어나 표어는 신전 뒤에 감춰진 신비로운 신령 같은 것이어서 헌신적 신앙이 아니면 접근하기 어려운 어떤 두려움의 대상이 된다.

언어나 표어로 생기는 표상은 언어 자체의 본질이라는 무관함으로 시대에 따라 다르고 민족에 따라 다르지만, 표어 그 자체는 똑같다.

일정한 일시적 표상은 일정한 언어에 따라다니는 것으로 여기에서 언어는 전기벨의 소리를 내게 하는 단추와 같은 구실을 한다.

그러나 모든 언어나 표어가 표상(이미지)을 환기시키는 것은 아니다. 한때 위력을 발휘한 언어도 이것이 자주 사용되는 동안

효력이 약화되어 듣는 사람의 마음속에 이미지를 부각시키는 기능을 완전히 상실해버린 경우도 있다. 이렇게 되면 그러한 언어는 공허한 메아리로 끝나게 되며, 단지 그러한 언어를 사용하는 사람 역시 별다른 고뇌 없이 그러한 언어를 사용할 수 있었다는 것 이외의 아무런 효용이 없게 된다.

우리는 젊었을 때 배운 약간의 언어와 표어를 준비하고 있으면 매사를 하나하나 꼼꼼하게 반성하는 고통을 겪지 않고도 인생을 헤쳐나갈 수 있을 것이다. 어떤 민족의 언어를 연구해보면 언어를 구성하는 낱말들은 시대의 변천과 함께 아주 천천히 변화해가는 데 반해, 그 언어의 의미나 언어가 부각시키는 이미지는 늘 변화해간다는 것을 알 수 있다.

내가 다른 저서에서 결론적으로 밝힌 바 있지만, 이 때문에 언어의 완벽한 번역, 특히 사어(死語)의 완전한 번역은 절대로 불가능하다.

라틴어나 그리스어 또는 산스크리트어를 프랑스어로 옮긴다거나 200~300년 전에 쓰인 우리말을 지금 이해해보려 시도할 때, 그것을 우리는 과연 어느 정도 해낼 수 있을 것인가?

우리는 단지 현대 생활이 우리의 지각 속에 심어준 이미지나 개념을 우리와는 전혀 다른 생활환경에서 살았던 사람들의 마음속에 부각된, 지금의 것과는 거리가 먼 이미지나 개념을 해석하고 있는 것이다.

프랑스혁명 때 사람들은 자신들이 그리스인과 로마인을 모방하고 있는 것으로 생각했는데, 그리스인이나 로마인이 꿈에도 생각지 못한 언어들을 그들에게 보태준 것 이외에 무엇을 모방했다는 말인가?

양쪽에 다 같이 통하는 언어로 그리스의 제도와 현대의 제도에 나타난 유사점이 설명될 수 있을까? 그리스 시대의 공화제는 본질적으로 귀족제도였으며 가장 철저히 예속된 노예 군중을 통치하는 전제군주의 연합체였다. 이러한 자치적 귀족정치는 노예를 기반으로 했으며 노예 없이는 결코 존립할 수가 없었을 것이다.

'자유'라는 말도 그렇다. 오늘날 우리가 사용하는 자유의 의미와 사상적 자유의 가능성에 대한 낌새도 느끼지 못한 시대, 신이나 율법 또는 도시의 관습을 문제 삼는 자체가 최대의 반역으로 간주되던 시대의 자유가 어떤 유사점을 가질 수 있을까? 아테네 사람이나 스파르타 사람이 말한 '조국'이라는 의미가 과연 아테네나 스파르타에 대한 우상숭배 이상의 뜻을 가질 수 있었을 것인지, 여러 개의 도시국가로 분열되어 반목과 전쟁이 그치지 않았던 판국에 과연 그리스라는 조국이 있을 수 있었을까? 프랑스인의 조상인 고대의 갈리아인들 역시 씨족 또는 종족 간의 반목이 심했고, 서로 다른 언어를 가지고 있었으며, 항시 내통하는 세력이 있어 카이사르에게 금방 정복당하곤 했는데, 이들이 사용한 조국이라는 의미에도 공통적인 의미가 있었을까?

갈리아인에게 단일의 정치적·종교적 통합을 부여해 나라를 갖게 한 것은 로마인이었다. 멀리 거슬러 올라갈 것도 없이 200년 전 외국과 결탁해 군중에 대항한 프랑스의 위대한 제후인 그랑 콩데 공작(Grand Conde, 1621~1686)이 생각한 조국의 의미가 오늘날의 개념과 같을 수가 있을까?

혁명의 전란을 피해 국외로 망명한 프랑스의 왕당파는 명예의 법칙에 따라 프랑스에 대항해 싸웠으며, 봉건적 법칙에 따르면 가신은 영토의 소속이 아닌 영주의 소속이고 영주가 있는 곳에 조국이 있었던 만큼 그들은 법을 충실히 지킨 셈인데, 이들이 생각한 조국이란 지금의 의미와는 크게 다른 것이 아닐까?

시대에 따라 그 의미가 전혀 달라지는 언어는 헤아릴 수 없이 많으며, 이러한 언어들이 당대에 어떻게 이해되었는지를 파악해야 정확한 의미를 안다고 할 수가 있다.

우리 조상들이 '왕'이나 '왕실'을 어떤 의미로 파악하고 있었는지를 이해하는 데도 상당한 연구가 필요하다는 것은 백번 옳은 말이라 하겠다. 그보다 더 복잡한 표현의 언어들의 경우는 더더구나 말할 필요가 없을 것이다.

그렇다면 언어는 시대에서 시대로 변하고 국민마다 다른 의미만을 갖는다고 하겠으며, 우리가 언어로써 군중을 사로잡을 생각이 있다면 어떤 순간의 군중에게 그 언어가 무엇을 의미하는지 정확히 알아야 한다. 과거에 통용되었거나 상이한 정신구조를 가진 사람들에게 통용될 수 있는 의미여서는 곤란하다.

그러므로 참된 정치인은 혁명이나 사상의 전환으로 군중이 등장, 어떤 언어에 의한 조작으로 이들의 동조를 얻어야 할 때는 전통과 너무나 밀착되어 있어 개혁하기가 어려운 제도를 손댈 필요 없이 언어만 바꾸면 되는 것이다.

안목이 뛰어났던 알렉시스 토크빌(Alexis Tocqueville, 1805~

1859, 프랑스 정치사상가)은 일찍이 갈파하기를 혁명 후의 집정시대나 제정시대의 과업은 구제도를 새로운 언어로 분식하는 데, 다시 말해 군중의 상상력에 불리한 이미지를 환기시키는 언어들을 몰아내고 신선함 때문에 악몽을 잊을 수 있는 새로운 언어들을 대치시키는 데 골몰했다고 지적한 바 있다.

곡수(穀收) 대신 지대(地代)라는 말이 나왔고, 염납(塩納)은 염세(塩稅)로, 찬조기금은 간접세 또는 조합세로, 무역회사나 길드에 대한 세금은 면허세로 바뀌었다.

따라서 당시 정치인의 가장 기본적인 기능 가운데 하나는 대중이 옛날의 이름으로 역겨워하는 사항에 대해 그럴듯한, 하다못해 무관한 이름이라도 새로 붙이는 일이었다.

언어의 힘이란 실로 무서운 것이어서 아무리 가증스러운 것도 멋진 이름을 붙이면 대중은 곧장 받아들였다.

히폴리트 텐은 프랑스혁명 때의 자코뱅파가 "다호메 못지않은 독재정치를 펴고 종교재판과 유사한 법정을 설치했으며, 고대 멕시코에서와 같은 학살을 자행할 수 있었던 것"은 당시 인기가 충천했던 '자유'니 '박애'니 하는 언어의 환각 때문이라고 지적해 정곡을 찌르고 있다.

통치하는 자의 기술은 변호사의 기술과 마찬가지로 무엇보다도 언어를 구사하는 능력이다. 언어를 구사하는 데 가장 큰 난점은 같은 사회의 같은 말이 상이한 의미로 통하는 데 있다. 왜냐하면 계급이 다르다 보면 같은 단어를 사용해도 의미가 다르기 때문이다.

지금까지 인용한 예에서 보면 언어의 의미를 변화시키는 중요한 요인이 시간이라는 것을 알 수 있다. 그러나 민족이라는 것도 이 점에서 작용한다는 것은 같은 시대의 똑같이 문명화된 사람들이라도 민족이 다름에 따라 같은 언어를 전혀 다른 의미로 사용한다는 사실에서 알 수 있다.

　수없이 여행을 하지 않는 한 차이를 정확히 파악할 수는 없기 때문에 더 이상 역설할 생각은 없다. 여기에서는 다만 민족이 다름에 따라 같은 언어의 의미가 엄청나게 차이나는 것에 대해서만 언급할 생각이다. 오늘날 아주 빈번히 사용되고 있는 '민주주의'와 '사회주의'라는 말이 좋은 예가 될 것 같다.

　'민주주의'나 '사회주의'라는 말은, 예를 들어 라틴 민족과 앵글로색슨 민족에게 완전히 대조적인 개념과 전혀 다른 이미지로 부각된다.

　라틴 민족이 생각하는 '민주주의'라는 말은 무엇보다 개인의 의지 또는 자율성을 국가로 대표되는 공동체의 의지 또는 자율성에 예속시킨다는 뜻을 강하게 풍긴다. 여기서 말하는 민주주의 국가란 모든 분야에 대한 책임을 날로 확대해가는 모든 것에 대한 중앙집권화와 독점화 그리고 총체적 생산을 의미한다.

　급진주의자, 사회주의자, 군주주의자 등등 어느 정당이나 예외 없이 계속 국가에 대해 어필할 수가 있다.

　앵글로색슨, 특히 미국에서는 똑같은 '민주주의'라는 말이 정반대로 개인적인 의지의 무한한 발전을 의미하며, 국가는 철저하게 종속적인 지위이기 때문에 경찰과 국방 및 외교를 제외하고는 어떤 일에나, 심지어 교육까지도 개입이 허용되지 않는다.

　같은 민주주의라도 어떤 국민에게는 개인의 의지 및 자율성의 예속화와 국가의 우선을 의미하고, 어떤 국민에게는 개인적인 의지와 자율성의 무한한 발전 및 국가의 철저한 종속화를 의미하는 것이다.[*]

* 나는 『민족발전의 심리학적 법칙』에서 라틴 민족의 민주주의 사상과 앵글로색슨의 민주주의 사상이 완전히 다르다는 것을 구체적으로 설명했다. 이와는 상관없이 외국여행에서 얻은 지식을 토대로 폴 부르제 역시 『저 바다 넘어(Outre Mer)』라는 저서에서 나와 비슷한 결론을 내리고 있다.

군중을 사로잡는 환상

문명이 시작되면서부터 군중은 환상의 지배를 받아왔다. 군중이야말로 어느 계통의 인간들보다 더 많은 사원과 성상(聖像) 및 재산을 환상의 창조자를 위해 헌납했다.

그 옛날의 종교적 환상에서 현대의 철학적·사회주의적 환상에 이르기까지 이 무서운 제왕은 수없이 지상에 나타난 모든 문명을 제압하고 항상 그 위에 군림했다. 바빌로니아와 이집트에 신전이 세워지고 중세의 종교적 사원이 세워진 것도 환상 때문이었고, 100년 전 유럽 전체를 뒤흔든 혁명이 일어난 것도 환상 때문이었으며, 오늘날 정치적·예술적·사회적 사상 가운데 환상의 강력한 마력에서 해방된 것은 하나도 없다.

이따금 인간은 엄청난 난리를 치르면서 환상을 전복시키지만, 타고난 운명인지 인간은 그것을 다시 세우지 않고는 못 견딘다. 환상이 없었다면 인간은 원시적 야만 상태를 벗어나지 못했을 것이며, 환상을 잃는다면 당장 인간은 원시 상태로 되돌아가게 될 것이다.

물론 환상은 허무한 그림자에 지나지 않는다. 그러나 인간의 꿈이 낳은 이 환상이야말로 인류로 하여금 찬란한 예술과 위대한 문명을 창조케 하는 원동력인 것이다.

만약 박물관이나 도서관을 뒤져서 종교가 고무시킨 저술이나 예술적 기념물들을 교회 앞의 사당에 내동댕이쳐 버린다면 인류의 위대한 꿈은 무엇이 남을 것인가? 그만큼의 희생과 꿈이 없는 한 인간은 생존할 수가 없었기 때문에 신과 영웅이 존재하고 시인이 존재했던 것이다. 지난 50년간 과학이 신과 영웅 그리고 시인을 대행하는 듯 보였다. 그러나 과학은 이상을 찾아 헤매는 갈망 앞에 손을 들고 말았다. 거짓말을 못하는 과학은 함부로 꿈을 약속할 수가 없었기 때문이다. ― 다니엘 르시외르(Daniel Lesueur)

18세기의 철학자들은 우리 선조들이 수백 년이나 의탁해온 종교적·정치적·사회적 환상을 파괴하는 데 정력적으로 헌신했다. 그러나 철학자들은 환상을 파괴함으로써 희망과 귀의의 원천을 고갈시켜버렸다. 환상을 제물로 바친 뒤 철학자들이 마주친 것은 약한 자에 냉혹하고 도시 연민이라는 것을 모르는, 기계적인 침묵으로 일관하는 자연의 힘 그것이었다.

많은 발전을 이루었다고 하지만 아직 철학은 군중을 매료시킬만한 이상을 제시하지 못하고 있기 때문에 어떤 대가를 치르고서라도 환상을 가져야 하는 대중은 곤충이 빛을 찾듯이 본능적으로 자신들의 신상에 동조하는 선동자를 찾고 있다.

민족의 발전에 핵심적인 요인이 된 것은 진실이 아니라 오류였으며, 오늘날 사회주의가 거센 바람을 일으키는 것도 그것이 아직도 활력에 넘치는 마지막 환상의 역할을 하기 때문이다.

모든 과학적 반론에도 불구하고 사회주의 세력은 증가 일로에 있다. 사회주의의 중요한 힘의 원인은 워낙 사람들의 마음을 사로잡아버려 사회주의라는 것이 무모하게 인류의 행복을 약속하고 있다는 사실을 망각해버린 데에 있다. 지금 사회주의의 환상은 황폐된 과거를 지배할 뿐 아니라 미래를 점령하고 있다. 군중은 진실을 갈망한 역사가 없다. 구미에 맞지 않으면 증거를 외면해버리고 자신들을 부추겨주면 오류라도 신처럼 받드는 것이 군중이다. 그들에게 환상을 주면 누구나 지배자가 될 수 있고, 누구든 이들의 환상을 깨버리려 들면 희생의 제물이 된다.

여러 세대에 반복된 뼈아픈 체험

체험은 진실이 군중의 마음속에 확고히 자리 잡게 하고 위험스러운 지경까지 비대해버린 환상을 무너뜨릴 수 있는 유일한 과정이다. 그러나 이러한 기능을 제대로 수행하려면 경험이 큰 규모로 얻어져야 하고 아주 빈번하게 반복되어야 한다.

한 세대에서 얻은 체험은 대개 다음 세대에는 쓸모가 없으며, 이 때문에 예증으로 인용된 역사적 사실은 전혀 무의미한 것이다.

이처럼 한 세대에서 얻어진 경험의 유일한 용도를 굳이 이야기한다면 세대에서 세대로 반복된 체험이라야 어떤 영향력을 발휘하거나 군중의 마음속에 단단하게 뿌리를 내려 착각되고 있는 이들의 여론을 동요시키는 정도로나마 성공할 수 있다는 것을 입증하는 경우라고 하겠다.

우리가 사는 19세기나 그 앞의 18세기는 어느 시대에서도 그처럼 많은 체험을 겪은 적이 없는 실로 진기한 체험의 시대로서 역사가들이 파고들 것은 의심할 여지도 없다.

그중에서도 가장 거대한 체험은 프랑스혁명이다. 수백만 명이 살육당하고 20년 동안을 유럽 천지가 뿌리째 뒤흔들린 다음에야 순수한 이성의 명령만으로는 사회가 바닥에서부터 꼭대기까지 개조되지 않는다는 것을 알게 되었다.

50년에 걸친 두 번의 참담한 체험을 통해 독재자란 사랑의 갈채를 보내준 국민도 희생시킨다는 것이 경험적으로 명백히 증명되었지만, 사람들은 완전한 확신이 서지 않는 듯했다. 첫 번째 체험(1789년)은 연간 300만 명의 희생과 외세의 침입을 초래했고, 두 번째 체험(1830년)은 영토 상실과 상비군의 등장이었으며, 그 뒤 즉각 시도된 세 번째 체험(1848년)은 불발로 끝났으나 어느 날엔가 폭발할 것이 분명하다.

프랑스에 막대한 손실을 안긴 무서운 전쟁(1870년 보불전쟁)을 겪고서야 30년 전 일반적으로 생각되었던 것과는 달리 방대한 독일군은 악의 없는 민병이 아니라는 것을 전 국민이 알게 되었다.•

• 이 경우 군중의 여론은 전혀 상이한 사정의 — 그러한 메커니즘에 대해서는 전에 설명한 적이 있다 — 주먹구구식 결합에 의해 형성되었다. 이 당시 프랑스의 민병은 온순한 점원들로 구성되어 군기도 없고, 이름이야 무엇이건 전혀 무서워할 존재가 못 되었기 때문에 독일의 민병도 악의가 없을 것이라는 이미지를 환기시킨 것이다. 당시는 군중뿐 아니라 지도층에서도 오류를 범하고 있었다. 이러한 현실은 개괄적인 여론 형성에서 흔히 나타난다. 올리비에(M. E. Ollivier)가 최근 그의 저서에 인용하기도 했지만, 대체로 군중을 따르되 결코 앞서 나가지 않는 한 정치인, 티에르(M. Thiers)는 1867년 12월 31일 독일은 프랑스와 비슷한 정규군과 민병을 소유하고

보호무역은 그러한 정책을 채택한 나라에 치명적 손실을 준다는 것이 널리 인정되기까지에는 최소한 20년간의 참담한 체험이 필요했다. 이러한 예는 얼마든지 있다.

있을 뿐이라고 선언했는데, 이 정치인의 주장이 갖는 정확성은 전에 그가 철도의 장래성이 별것 아니라고 예언했던 것과 같은 정도라고 하겠다.

감정에 호소해야 환호하는 군중

군중의 마음에 감동을 주는 여러 요인들을 열거하는 경우 어떤 영향의 부정적인 효과를 특별히 지적해야 할 필요가 있을 때면 몰라도 이성은 제외시키는 것이 옳을 것이다.

우리는 이미 군중이란 논리의 영향을 받지 않는다는 것, 여러 가지 개념의 조잡한 결합을 통해 이해한다는 것을 지적한 바 있다. 따라서 군중에게 감명을 주는 방법을 터득한 연설자는 군중의 이성에 호소하지 않고 감정에 호소한다. 논리적 법칙은 군중에게 효용성이 없다.•

• 군중에게 감명을 주는 방법, 그리고 이러한 문제에서 논리적 법칙의 동원이 거의 도움이 되지 못한다는 것을 직접 목격한 것은 파리가 프러시아군에게 포위당했을 때였다. 나는 그 당시 정부가 자리 잡고 있는 루브르 궁쪽으로 군중과 함께 휩쓸려가고 있었는데, 그곳에서 분노한 군중들은 V 원수가 루브르 성벽의 설계를 프러시아군에게 넘기려는 것이 적발되었다고

군중을 설득하려면 무엇보다 이들을 충동질하는 감정을 이해해야 하며 이들의 감정에 휩쓸린 척한 다음 초보적인 연상심리의 기법을 통해 날카로운 암시 개념을 환기시켜 감정의 수정을 시도하고, 필요하고 또 가능하다면 애초의 관점으로 후퇴시켜야 하며, 무엇보다 자신의 연설이 그때그때 어떤 반응을 일으키는지 확인해야 한다. 이처럼 말하는 순간순간의 반응에 따라 자신의 연설 내용을 바꿔야 하기 때문에 준비된 연설은 애초부터 효과가 사그라지게 마련이다. 그러한 연설은 청중의 생각을 따라가는 것이 아니라 자신의 생각을 따라가는 것이 되므로 이 사실 자체만으로 감화력은 전멸되고 만다.

어떤 꽉 짜인 추리의 맥락에서만 확신을 얻는 습관이 든 논리

아우성을 치고 있었다. 천부적 웅변가인 정부의 한 각료(GP—)가 범인의 즉각 처단을 요구하는 군중들에게 일장연설을 했다. 내 생각으로는 이 연사가 비난받고 있는 원수는 성벽의 건설에 참가한 사람이라는 것과 설계도는 시중의 서점에서 얼마든지 팔고 있다는 것을 내세워 처형의 부당성을 지적할 줄 믿었다. 그러나 놀랍게도 — 내가 아직 어리기도 했지만 — 연설은 엉뚱한 방향으로 흘렀다. 연사는 잡혀 있는 원수에게 다가가면서 외쳤다. "정의는 지켜져야 합니다. 냉혹한 정의 말입니다. 국방을 담당한 정부로 하여금 여러분의 조사에 대해 선고를 내리도록 맡깁시다. 그때까지 우리는 범인을 잡아둡시다." 이러한 표면상의 양보로 진정이 된 군중들은 곧 헤어졌고 25분 후 원수는 무사히 귀가할 수가 있었다. 만약 그 연사가 어린 나의 생각처럼 — 나는 논리의 설득력을 확신하고 있었다 — 격노한 군중들을 논리적 설득으로 달래려 했더라면, 아마 원수는 갈기갈기 찢겨 죽었을 것이다.

적 정신의 인간은 군중 앞에서 연설할 때도 이 방법에 의존하려는 경향이 있으며 전혀 반응을 얻지 못해 아연실색하고 만다. 한 논리학자는 "삼단논법에 기초한 통상수학의 귀결 — 다시 말해 등식의 연결 — 은 필연적인 것이다. 이러한 절대성에는 비조직적 대중이라도 등식의 결합만 이해할 수 있다면 승복하지 않을 수가 없는 것"이라고 선언한다.

진리임에는 틀림없으나 비조직적인 군중은 등식의 결합에 승복하지도 않고 이해마저도 못한다. 예를 들어 야만인 또는 어린이 같은 원시적 심리를 논리적으로 확신시키려 시도해보면 그러한 설득 방법이 얼마나 무의미한지를 이해하게 될 것이다.

감정과 대항하는 데 논리가 얼마나 무력한지를 입증하기 위해 굳이 원시적인 존재에까지 파고들어 내려갈 필요도 없다. 가장 단순한 논리에도 배치되는 종교적 미신이 수백 년 동안 얼마나 끈질기게 버티고 있는지를 생각하면 된다. 거의 2000년이 지나는 동안 온갖 뛰어난 천재들이 이 법칙 앞에 머리를 숙여왔고 근대에 이르러서야 이 법칙의 진실성이 겨우 논의되고 있을 뿐이다.

중세와 르네상스 시대에 많은 계명(啓明)된 인물이 등장했지만, 어느 한 사람도 논리적 추리에 의해 자신의 미신이 안고 있는 유치한 측면을 파헤친 적이 없으며, 어느 한 사람 악마의 비행을 의심하거나 마법사를 추방해야 할 필요성을 역설하지 않았었다.

군중이 이성을 외면한 데 대해 비관해야 할 것인가? 감히 그렇다고 단언할 수는 없을 것이다. 두말할 것도 없이 인간의 이성은 환상처럼 정열과 대담성을 가지고 운명의 길로 인간을 채찍질

하지 못했다. 인간을 끌고 가는 무의식적인 힘의 원천이 되고 있는 환상은 두말할 것 없이 우리에게 필요한 것이다.

어떤 민족이나 그 민족의 정신구조에는 자신의 운명과 관련된 법칙이 도사리고 있으며, 민족이 겉으로 보기에 가장 비합리적인 어떤 충동까지라도 맹종하는 것은 바로 이 법칙 때문이 아닌가 생각된다. 그래서 민족은 한 알의 도토리를 참나무로 변하게 하고, 혜성으로 하여금 궤도를 돌게 하는 그러한 힘과 비슷한 어떤 이미지의 힘에 지배되고 있는 것이 아닌가 보일 때가 있다.

이처럼 민족을 지배하는 미지의 원동력이 무엇인지는 대단히 알기가 어려운 것이기는 하지만, 그것을 인간 진화의 전반적 과정에서 찾아야지 이따금 이러한 진화의 예비 단계로 나타난 듯한 고립된 사건에서 찾아서는 안 될 것이다. 이러한 고립된 사건에만 치중하다 보면 역사란 불가사의한 우연의 연속으로 보이게 될 것이다. 유대 나라 갈릴리의 한 목수(예수)가 2000년 동안 전지전능의 신이 되어 그의 이름으로 가장 중요한 문명이 이루어졌다는 사실은 불가사의인 것이며, 사막에서 일어난 소수의 아랍 부족들이 옛날의 그레코로만 영토 대부분을 정복해 알렉산더 대왕의 영토보다 더 큰 제국을 건설한 것 역시 불가사의라 하겠다. 발전의 수준이 높고 위계질서가 엄격한 통치체제가 전반적으로 확립되어 있는 유럽에서 일개 미천한 포병 중위(나폴레옹)가 수많은 민족과 수많은 군왕을 정복하는 데 성공했다는 사실 역시 불가사의라 할 수 있다.

그렇다면 이성은 철학자에게 맡길 것이며 이성이 인간의 지배에 영향을 준다고 완강히 주장할 일은 아닌 것이다. 인간은 이성으로 사는 것이 아니라 오히려 이성에 저항하면서 사는 것이며, 감정의 생물이라 할 수 있다. 명예, 희생, 종교적 신앙, 애국, 영광에 대한 긍지 등등 바로 이러한 감정이야말로 모든 운명의 근원인 것이다.

지도자의
설득수단

군중의 리더는 행동가

　우리는 군중의 심리적 구조와 군중의 심리에 감화를 주는 동기가 무엇인지를 알아보았다. 이제부터는 이러한 동기의 감화가 어떻게 행동으로 옮겨지고 누구에 의해 그것이 지극히 유효한 실리적 결과를 낳게 되는가의 문제를 다루기로 한다.

　일정한 숫자의 생물이 모이게 되면 그것이 동물이건 인간이건 본능적으로 한 리더의 권위에 복종하게 된다. 인간집단의 경우 그러한 우두머리가 단순한 주모자나 선동가에 지나지 않는다 해도 하는 역할은 대단히 중요하다. 그의 의지는 주위에 모인 군중들의 여론과 주체의식 형성에 핵심이 된다.

　리더는 이질적인 군중을 조직화하는 데 일차적 요소가 되며 조직을 하나의 파당으로 만들어 지휘한다. 군중은 일종의 오합지졸로 영도자가 없으면 아무 일도 못 한다.

　리더는 대체로 지금까지 이끌려 지내온 무리 중에서 나타난다. 그 자신 어떤 사상에 심취하여 열성적인 사도로 지내온 경우가 많다. 일단 심취하게 되면 다른 사상은 머리에서 종적을 감추게 되고, 반대하는 의견은 오류 또는 미신으로만 보인다.

프랑스혁명 때의 로베스피에르를 그 예로 들 수가 있다. 루소의 철학 사상에 매혹된 그는 종교재판식의 방법으로 이를 전파하는 데 몰두했다.

여기서 말하고 있는 리더는 대체로 사상가라기보다는 행동가이다. 리더는 선견지명을 타고나지도 않으며 타고날 수도 없다. 그런 인물은 일반적으로 회의에 빠져 행동이 부족하기 때문이다.

리더는 병적인 신경과민과 흥분, 그리고 절반쯤은 돌아버린 듯한 광증이 있는 사람들 가운데서 나온다. 그러나 그들이 갖고 있는 사상이나 추구하는 목적이 아무리 터무니없는 것이라 해도 이들의 소원은 너무나 확고하기 때문에 논리 같은 것은 먹혀들지가 않는다. 모욕이나 박해도 그들에겐 통하지 않으며 오히려 부추기는 꼴이 된다. 이들은 개인의 이익과 가족, 심지어 모든 것을 희생시킬 각오가 되어 있다. 이들은 자기보존의 본능 같은 것은 아예 없고 순교를 유일한 보상으로 받아들이는 것을 예사로 여긴다.

신념의 강렬성 때문에 이들의 언어가 발산하는 암시는 위력적이다.

군중은 강력한 의지를 가진, 그리고 그것을 잘 인용할 줄 아는 사람을 쉽게 따른다. 집단에 합류해 버린 인간은 의지력을 상실, 자기들이 갖고 있지 못한 자질을 구비한 사람을 본능적으로 추종한다.

어떤 국민에게나 지도자는 있지만 그들 모든 지도자가 사도

가 될 만큼 어떤 신념에 심취되는 것은 아니다. 개인적인 이익이
나 약삭빠른 선동가도 있어 밑바닥의 본능에 아첨하는 설득을 시
도한다. 그러한 식으로 대단한 영향을 발휘하기도 하지만 포말적
현상에 그치게 마련이다.

확고한 신념을 가진 리더는 군중의 영혼을 사로잡는다. 예를
들어, 십자군의 공로자인 은자 피에르(Pierre l'Ermite), 종교개혁의
중심인물인 루터(Martin Luther), 이탈리아의 사제인 사보나롤라
(Girolamo Savonarolas), 그리고 프랑스혁명을 지도한 인물들은 우
선 자신들이 교조에 도취된 연후에야 마력을 발휘했던 것이다.

군중들의 영혼에 신앙이라는 무서운 힘을 심어주면 군중은
꿈의 노예가 되어버린다.

종교적인 것이건 정치적 또는 사회적인 것이건, 어떤 일이나
인물 또는 사상에 대한 것이건 신앙을 제고(提高)하는 것이 위대한
지도자의 기능이었으며, 바로 그 때문에 지도자의 영향력은 커지
는 것이다.

인간이 동원할 수 있는 힘 가운데 신앙의 힘이 단연 최고였고
사도(使徒)들은 신앙에서 태산을 움직일 수 있는 힘을 얻는다. 인
간을 신앙으로 무장시키면 열 배의 힘을 발휘한다. 역사의 위대한
사건들은 신앙 이외의 것을 잘 알지 못하는 범용한 사람들에 의해
부각된다. 세계를 지배한 위대한 종교를 일으키고 거대한 제국을
건설한 것은 유식한 사람이나 철학자들의 힘이 아니며 무신론자
의 힘은 더더욱 아니다.

그러나 앞서 언급했듯이 우리는 위대한 지도자를 고찰 대상

으로 하며, 이들은 그 수가 많지 않기 때문에 역사는 쉽게 식별해 낸다. 이러한 지도자들은 인간을 강력히 지배하는 정상의 인물에서부터 바닥의 일꾼에 이르기까지 피라미드형처럼 편성된다. 이른바 저변의 지도자는 연기가 자욱한 여관방에서 제대로 의미도 알지 못하는 몇 가지 상투적 용어들을 쉬지 않고 반복하여 동료들을 매혹시키면서 그것이 실천만 되면 모든 꿈, 모든 소망이 이루어질 것으로 믿고 있는 그러한 인물을 말한다.

지위 고하에 관계없이 사회의 어느 계층 사람이나 일단 고립된 위치를 떠나 군중 속에 끼게 되면 재빨리 리더의 영향권 안으로 들어가 버린다. 다수의 사람들, 특히 군중의 경우는 자신의 특수 분야 이외의 어떤 문제에 대해 명확하고 논리적인 관점을 갖지 않는다. 따라서 지도자가 안내인 역할을 맡게 된다. 이것이 가능한 것은 정기적으로 출판물이 나와 독자의 여론을 형성하고 이들에게 기성품의 표어들을 공급함으로써, 굳이 머리를 쓸 필요가 없기 때문이다.

군중의 지도자는 전제적인 권위를 행사하는데, 이러한 전제주의야말로 추종자를 얻는 조건이 된다. 이들이 권위를 뒷받침하는 아무런 수단이 없는데도 가장 골치 아픈 노동자 계급의 지지를 얻어내는 것을 보면 경탄을 금할 수가 없다. 이들은 근로시간과 임금률을 정하는가 하면, 파업을 명령해 일정한 시간에 시작해 일정한 시간에 끝나도록 통제한다.

정부 당국이 불신당하고 힘을 상실해가는 데 비례해서 이러한 지도자나 선동가는 더욱더 공권을 자유롭게 행사하는 경향을 보인다. 이러한 새로운 지배자의 전제권에 대해 군중들은 고대 정부에 복종했던 것보다 더 철저하게 추종한다. 어떤 사고 등으로 리더가 물러서게 되면 군중들은 단결력이나 저항력이 없는 본래의 오합지졸로 되돌아가게 된다. 최근 파리에서 있었던 합승마차 종사원들의 파업 때도 주모자 두 사람이 체포되자 이내 잠잠해지고 말았다.

군중의 마음속에 우선적으로 필요로 하는 것은 자유가 아니라 예속이다. 누군가 리더를 자처하고 나서면 군중은 본능적으로 추종해버리는 복종 성향을 보인다. 이러한 우두머리나 선동가는 두 가지로 선명하게 구분될 수 있다. 한 가지 유형은 대단히 정력적이고 간헐적이기는 하지만 강한 의지를 가진 경우이고, 다른 하나는 강한 의지력이 전자에 비교가 안 될 만큼 끈질긴 유형이라 하겠다. 전자는 격렬하고 용감하고 대담하다. 이러한 유형의 리더는 특히 갑자기 결정된 격정적인 모험적 임무를 수행하고 위험 속에서 군중을 포섭하고 어제의 신병을 오늘의 영웅으로 만드는 데 능란한 솜씨를 발휘한다.

나폴레옹의 제1제정 때 장군 네(Michel Ney)와 뮈라(Joachim Murat), 현대에 들어와서는 별다른 재주는 없으나 소수의 병력으로 정예군이 방어하고 있는 나폴리 왕국을 기습 점령해버린 가리발디(Giuseppe Garibaldi) 장군을 예로 들 수 있을 것이다.

그러한 리더가 지닌 정력은 무시할 수 없는 힘이라 하겠지만, 그러한 힘은 일시적이고 그러한 힘을 폭발시킨 명분이 사라지면 함께 사라져버린다.

일단 이들이 평범한 일상생활로 되돌아가면 — 위에 열거한 사람들이 대개 그랬듯이 — 이러한 유형의 정력을 가진 영웅들은 성격상의 가장 큰 약점을 드러내는 경우가 허다하다. 왕년에는 다른 사람들을 지도할 수 있었는데도 성찰의 능력이 없고 가장 단조로운 환경에도 적응하지 못하는 듯 쩔쩔맨다. 이러한 유형의 지도자는 그들 자신이 명령받고 계속 격려를 받아야 기능을 수행하며, 어떤 인물이나 사상이 표지가 되어주고 나갈 길이 선명히 그어져 있어야 움직이게 된다.

제2의 유형에 속하는 지도자는 지속적인 의지력을 가진 경우인데, 이들은 예리한 측면은 부족하나 영향력이 훨씬 강하다. 종교나 그 밖의 위대한 업적의 창시자 중에 이러한 인물이 많다. 사도 바울, 마호메트, 크리스토퍼 콜럼버스, 수에즈 운하 설계자인 드 레셉스(Ferdinand de Lesseps) 등을 예로 들 수 있다. 그들이 지성적이었느냐 편협했느냐는 별개의 문제로, 여하튼 이들은 세계를 장악했다. 이들이 가진 끈질긴 의지력은 그 능력이 아주 보기 드물고 엄청나게 강력해 세상의 모든 것을 정복하고 만다. 강력하고 집요한 의지력이 수행할 수 있는 것은 정확히 한계를 가늠하기가 어려우며, 자연이나 신이나 인간의 힘으로 막을 수도 없는 것이다.

강력한 불굴의 의지가 이룩한 가장 최근의 사례는 2000년 동안 위대한 군주들이 시도했다가 번번이 실패한 사업을 거뜬히 해낸 유명한 사나이가 보여주었으니, 그것은 서방과 동방의 단절을 끝낸 일(수에즈 운하)이다. 이 사나이는 나중에 똑같은 사업에 도

전했다가 실패하지만, 그때는 이미 나이가 늙었던 것이다. 나이가 들고 보면 의지까지, 모든 것이 꺾이는 법이다.

단순히 의지력만으로 얼마나 위대한 일을 성취할 수 있는지를 보여주기 위해서는 수에즈 운하를 파기 위해 극복하지 않으면 안 되었던 난관을 역사적으로 상세히 서술할 필요가 있다. 그 사업을 목격한 카잘리(Henry Cazalis) 박사는 그 불굴의 지도자가 직면했던 역사적 대업의 전모를 짧지만 인상적으로 요약했다.

> 그는 날짜까지 기억해내고 에피소드 하나하나 구체적으로 파고들면서 운하에 관한 놀라운 이야기를 털어놨다. 극복하지 않으면 안 되었던 장애물, 불가능한 것을 가능케 했던 일, 반대, 집단적 모략, 절망, 호전, 그리고 좌절에도 용기와 희망을 잃지 않았던 일들을 털어놓았다. 그는 영국이 얼마나 자기를 괴롭히고 프랑스와 이집트가 얼마나 주저했는지, 심지어 프랑스 영사가 초기에 오히려 방해하려 들었던 일, 악랄한 수법, 음료 공급을 거부해 노동자들을 단념시키려 들었던 일, 해군 장관과 엔지니어 등 경험과 과학적 훈련을 받은 사람들이 한결같이 반대 입장에 서서 과학적 근거를 제시하면서 마치 일식이나 월식을 예언하듯 어느 날 몇 시에 틀림없이 재난이 터질 것이라고 장담하던 일을 회상했다.

이런 모든 위대한 지도자들의 생애를 다룬 책은 그리 많지 않겠지만, 그 이름들은 반드시 문명사의 중요한 사건들과 연결되기 마련이다.

단언, 반복, 전염

　군중이 순간적으로 어떤 행동을 하도록 유인하려면 ─ 예를 들어 궁전을 약탈한다거나 요새 또는 바리케이드를 사수하도록 하는 등 ─ 재빠른 암시에 의해 움직여져야 하는데, 이 경우 실례가 가장 효과적이다. 그러나 이러한 목적을 달성하려면 군중이 사전에 어떤 상황에 몰입되어 있어야 한다. 그리고 군중을 움직여볼 뜻이 있는 사람은 무엇보다 위엄이라는 자질을 갖춰야 하며 이에 대해서는 뒤에서 상세히 논할 작정이다.

　군중에게 어떤 사상이나 신념 ─ 예를 들면 현대사회주의 이론 등 ─ 을 심어주어야 할 경우에 지도자는 여러 가지 수단을 동원해야 한다.

　가장 중요한 것은 세 가지이며 선명하게 제시할 수가 있다. 단언, 반복, 전염이 그것이다. 이러한 행동은 비교적 완만한 것이지만 효과는 일단 나타나기 시작하면 꾸준한 지속성을 보인다.

　논리나 입증과 거리가 먼 순수하고 간명한 단언이야말로 군중에게 사상을 심어주는 가장 확실한 방법이다. 단언은 간명할수록, 논증이나 증명이 없을수록 더욱 무게를 지니게 된다.

종교적 경전이나 법전은 어느 시대의 것이나 명쾌한 단언을 특징으로 한다. 정치적 주의주장을 옹호하는 일에 종사하는 정치인이나 광고 수단을 통해 자기네 제품의 판매를 촉진하는 상인들은 단언의 가치를 잘 알고 있다.

그러나 단언은 계속 반복되어야, 그것도 가급적이면 같은 표현으로 반복되어야만 실질적 효과를 얻을 수 있다. 아주 중요한 수사학의 유일한 무기는 반복이라고 말한 것은 나폴레옹 그 사람이 아니었나 생각된다. 반복에 의해 확인된 사항은 마치 논증된 진실처럼 머리에 박히게 된다.

반복이 지능이 아주 높은 사람에게도 통하는 것을 보면 그것이 군중에게 얼마나 강력하게 작용할 것인지 이해가 될 것이다. 반복된 선언은 행위 동기가 발생하는 우리의 무의식적 심층부에까지 파고들기 때문에 그처럼 위력을 발휘하게 된다. 어느 정도 시간이 흐르게 되면 반복된 주장의 장본인이 누구인지도 잊은 채 그것을 믿어버리는 것으로 끝나게 된다.

광고의 힘이 엄청난 것도 이러한 사정 때문이다. X라는 초콜릿이 최고라는 것을 수백 번 수천 번 듣고 나면 어디에서나 그렇게 말한 것으로 착각을 일으키게 되고, 결국에는 그것이 사실이라는 확신에 이르게 된다. Y 회사의 약이 아주 저명한 인사의 고질병을 고쳤다는 기사를 수천 번 읽게 되면 우리는 유사한 병에 걸렸을 때 그 약을 사게 된다. 누군가 같은 신문에서 A는 아주 되먹지 못했고 B라는 인간은 선량하기 한이 없다는 내용을 읽게 되면, 그는 정반대의 의견을 제시한 다른 신문을 읽기 전에는 그것이 사실인 양 믿고 만다.

단언과 반복에 대항해서 맞싸울 수 있는 것은 역시 단언과 반복밖에 없다.

단언이 충분히 반복되어 이의가 없게 되면 — 어떤 협조자도 끌어들이기에 충분할 만큼 부를 축적한 금융업자들에게서 볼 수 있듯이 — 이른바 여론의 흐름이 결정되고 전파라는 강력한 메커니즘이 작용하게 된다.

군중의 사상, 감정, 정서, 신조에는 세균의 감염성과 같은 강력한 전염력이 있다. 동물도 집단을 이룰 때는 그런 모습이 나타나는 것을 보면, 그것은 하나의 자연적 현상인지도 모른다. 마구간의 말 한 마리가 여물통을 물어뜯으면 다른 말들도 따라서 물어뜯는다. 한 마리의 양이 갑자기 공황에 빠져 허둥대면, 이것이 곧바로 감염되어 양떼 전체가 무더기로 허둥대게 된다.

인간도 군중을 이루게 되면 어떤 감정이나 순간적 전파력을 갖기 때문에 급작스러운 공황 현상이 일어난다. 신경발작도 광증과 마찬가지로 전염성이 있다. 광증 전문의사가 흔히 광증에 걸린다는 것은 너무나도 유명한 이야기이다.

실제로 어떤 종류의 광증은 사람에게서 동물로 전염된다는 것이 최근 판명되었다. 아고라포비아(Agoraphobia, 사람이 많이 모이는 곳을 싫어하는 광장공포증) 같은 것이 좋은 예로 지적된다.

어떤 개인들이 반드시 같은 장소에 있어야만 전염 현상이 나타나는 것은 아니다. 모든 사람의 마음에 독특한 경향과 군중적 특성을 주는 사건은 현장에서 멀리 떨어져 있어도 전파력이 미친다. 특히 이미 설명한 바 있는 원인의 영향권에 들어갈 태세가 되어 있는 사람들의 마음은 즉각 반응을 일으킨다. 1848년의 혁명운동이 적절한 예라 할 수 있다. 원래 파리에서 시작된 이 운동은 순식간에 대부분의 유럽을 휩쓸었고 여러 제국이 혼비백산했다.

사회현상에서 영향력이 크다는 모방이라는 것도 사실은 전염효과에 지나지 않는다. 전파력의 영향에 대해서는 다른 저서(『인간과 사회』)에서 다룬 바 있으므로 여기에서는 이 문제에 대해 15년 전 언급했던 것을 옮겨놓는 데 그치겠다. 나의 소견을 더욱 발전시킨 저서들도 최근에 나와 있다.

인간은 동물과 마찬가지로 모방하려는 본능적 경향이 있다. 모방이 쉬운 것일 때는 인간에게 필수적이기도 한 것이다. 이른바 유행이라는 것이 그렇게 강력한 힘을 가진 것도 이러한 필수성 때문이다. 여론이나 사상 또는 문학적 자기주장의 문제이건 의상의 문제이건 이러한 유행을 거역할 용기가 있는 자 과연 몇이나 있을까? 군중을 이끄는 것은 토론이 아니라 예시 그것이다. 어느 시대에나 시범이 있고, 이것이 타인을 감화시키고 드디어는 무의식의 군중이 모방하게 된다. 그러나 이러한 시범은 기존의 사상과 너무 차이가 나서는 절대로 안 된다. 너무 차이가 나면 모방하기 힘들고 영향력이 전혀 없게 된다. 이 때문에 시대를 너무 앞서버린 사람은 대체로 그 시대에 영향력을 행사하지 못한다. 단절의 폭이 너무 크기 때문이다. 바로 똑같은 이유로 유럽인들은 모든 문명의 이점에도 불구하고 동양인에게 별반 영향을 주지 못하고 있다. 차이가 너무 크기 때문이다.

과거와 상호 모방의 이중 작용이 결국에는 같은 나라, 같은 시대의 모든 인간을 너무나 똑같이 만들어버리기 때문에 철학자나 지식인 또는 문인처럼 그러한 이중 작용에서 벗어날 수 있을 듯한 사람까지도 사상이나 스타일이 비슷해지게 되고 독특한 시대성을 반영하게 된 것이다. 어떤 사람이 읽고 있는 책이 무엇인지, 종사하는 일이 무엇인지, 그의 주위 환경이 어떤 것인지를 철저히 파악하기 위해 직접 본인과 장시간 면담할 필요가 없게 된 것이다.

전파의 힘은 대단히 강력하기 때문에 개인에게 어떤 의견을 강요할 뿐 아니라 받아들이는 양식까지도 습관화시킨다. 어떤 작품이 ─ 바그너의 〈탄호이저〉가 좋은 예가 된다 ─ 한때 경멸을 받았다가, 수년 후에는 전날의 비판자들까지도 격찬하게 되는 것도 전염의 위력 때문이다.

군중의 여론은 감염에 의해 전파되며, 결코 논리에 의해 전파되지 않는다.

오늘의 노동자들 머릿속에 든 관념들은 선술집에서 귀에 박힌 단언, 반복, 전파의 결과이며, 군중의 신념이 형성되는 양식은 어느 시대나 비슷하다. 르낭(Joseph Ernest Renan, 1823~1892, 프랑스 종교학자)이 기독교 창업자들을 "선술집에서 선술집으로 사상 선전을 하고 다니는 사회주의 노동자들"로 비유한 것은 정확한 판단이었다. 일찍이 볼테르는 기독교라는 종교에 대해 "100여 년을 오직 최악의 천민들에게 둘러싸여 있었다"라고 갈파한 적이 있다.

앞에서 인용한 경우와 비슷하지만 전파는 먼저 민중 계통에서 번지기 시작해 상류사회로 파고든다는 점에 주목해야 할 것이다. 오늘날 우리가 목격하고 있지만 사회주의 독트린에 의해 제일 먼저 희생될 사람들이 그것을 지지하기 시작하고 있는 것이다.

전염의 힘은 대단한 것이어서 사람들로 하여금 자신의 개인적 이익도 분별하지 못하게끔 압도해버린다. 이 때문에 일단 대중에게 만연된 압도적 여론은 그것이 아무리 불합리한 것이라도 엄청난 활력으로 사회의 최상층부로 이식되어간다. 군중의 신념은 본래의 근원이 어느 정도 차원 높은 사상에서 유래한 것으로, 이 사상이 본바닥에서는 영향력을 발휘하지 못하다가 군중에 내려와 제구실을 하게 되고, 이것이 또 상류사회로 파급된다는 것은 기이한 현상이 아닐 수 없다.

지도자 또는 선동가는 이러한 차원 높은 사상에 심취되어 그것을 끌어내 뜯어고쳐 파당을 만드는 데 활용하면, 이 파당이 다시 그것을 개조하여 군중에게 파급되고, 군중은 이것을 다시 개조하게 된다. 민중의 진리가 되어 본고장에 돌아온 사상은 막강한 위력으로 국가의 상류계층을 휩쓸게 된다.

결과적으로 세계의 운명을 결정하는 것은 지식인이지만 그러나 그것은 간접적일 뿐이다. 이러한 과정을 통해 철학자가 창안해낸 사상이 승리의 열매를 맺게 될 때쯤이면 철학자 자신은 이미 흙으로 되돌아간 뒤가 된다.

위엄이라는 신비한 힘

단언, 반복, 전염에 의해 전파된 사상은 시간이 흐름에 따라 위엄(prestige)이라는 신비로운 힘을 갖게 되어 더욱 위력을 발휘하게 된다.

세계의 어떤 지배세력이나 ― 그것이 사상이건 인간집단이건 ― 권위를 강제할 수 있는 무기는 '위엄'이라는 낱말로 표현되는 불가항력의 힘, 그것이었다. 위엄이라는 말의 뜻은 누구나 알 수 있으면서도 또 그만큼 각인각색이었다.

위엄이라는 용어는 찬미와 두려움의 외경의 감정도 내포한다. 위엄은 찬미 또는 두려움의 감정을 기초로 하는 수도 있지만, 그러한 것 없이도 존재할 수 있다. 위엄은 대부분, 예를 들면 알렉산더, 카이사르, 마호메트, 석가모니 같은, 우리가 두려움으로 대할 수 없는 죽은 존재에게서 많이 느끼게 된다. 반면 우리는 전혀 찬미하지 않는 가상적 존재 ― 예컨대 인도에 있는 용궁의 괴신 같은 ― 가 큰 위엄으로 우리를 엄습한다.

실질적인 위엄은 어떤 인물이나 업적 또는 사상에서 느낄 수 있는 일종의 지배력이라 할 수 있다. 이러한 지배력은 우리의 비판력을 마비시키고 우리의 마음속에 경탄과 존경의 염으로 충만케 한다. 이때 일어나는 감정은 모든 다른 감정과 마찬가지로 설명하기가 어려운 것이다. 자석에 끌린 사람처럼 황홀하다고나 해야 할까. 위엄은 모든 권위의 원천이다. 신도 제왕도, 심지어 여자도 위엄 없이는 누구를 제압할 수가 없는 것이다.

위엄에는 여러 가지가 있으나 크게 두 가지로 나눌 수가 있다. 개인적(선천적) 위엄과 획득적(후천적) 위엄이 그것이다. 획득적 위엄은 가문, 재산, 명성의 결과에서 오고, 선천적 위엄과는 무관하다. 반대로 개인적 위엄은 본질적으로 어떤 개인에게 특수한 것으로, 명성이나 명예, 재산과 공존할 수도, 그런 것으로써 보강될 수도 있지만, 그것 없이도 완벽하게 존재할 수 있다.

후천적·인위적 위엄이 가장 보편적이다. 개인적 값어치는 별볼 일 없는 사람이라도 어떤 직위를 차지하거나 어떤 재산을 소유하고 어떤 작위를 획득하면 위엄이 따르게 된다. 군복을 입은 군인이나 법복을 입은 재판관은 언제나 위엄을 누린다. 재판관에게는 법의와 가발이 필요하다는 파스칼의 지적은 적절하다. 군복이나 법복을 벗으면 그들의 권위는 절반쯤 격하된다. 골수의 사회주의자도 황태자나 공작을 만나면 표정이 엄숙해지며, 그러한 작위를 사칭하면 힘들이지 않고 호상들을 수탈할 수도 있다.*

지금까지의 위엄은 개인이 누리는 형태라 하겠는데, 이와 함께 의견이나 문학 또는 예술적 작품이 누리는 위엄도 있다. 이러한 종류의 위엄은 단지 누적된 반복의 결과에 지나지 않는다. 역사, 그중에서도 특히 문학사와 미술사는 아무도 확증하려 하지 않는 동일한 판단의 반복일 뿐이며, 모두가 학교에서 배운 대로만 반복하기 때문에 아무도 감히 손댈 수 없는 명성과 기정사실이 되어버리는 것이다.

현대의 독자가 호메로스의 작품을 통독하자면 누구나 권태를 느끼지만 누가 감히 지루하다고 말할 수 있겠는가? 지금 있는 파르테논 신전의 모습은 하나의 폐허로 어떤 감응을 일으킬 수 있는 것이 아니지만, 다름 아닌 위엄이 갖춰져 있기 때문에 있는 그대

• 작위나 훈장 또는 제복이 군중에게 주는 위력은 어느 나라에서나 볼 수 있는 현상이지만, 개인의 자존심이 가장 발달된 나라에서도 마찬가지인 것이다. 이 문제와 관련해서 최근에 나온 여행기를 인용하겠는데, 영국에서 명사가 어느 정도 위엄을 누리는지 잘 나타나고 있는 대목이다.

"나는 여러 경우에서 가장 냉철하고 합리적인 영국인들이 영국 귀족을 만나거나 접촉할 때 특유의 황홀경에 빠지는 것을 목격했다. 만약 귀족이 자기의 체모를 지킬 만한 재산을 갖기만 하면 일반 민중들의 흠모를 확신해도 된다. 귀족과 접촉하게 되면 영국인들은 황홀경이 되어 모든 것을 감내하게 된다. 귀족이 가까이만 와도 기쁨으로 얼굴이 상기되고, 말이라도 건네면 기쁨을 억제하느라 더욱 붉어진 눈동자는 유난히 빛나게 된다. 스페인 사람들이 춤추는 것을, 독일인이 음악을, 프랑스인이 혁명을 사랑하듯 영국인들은 천성적으로 귀족을 숭배한다. 말과 셰익스피어에 대한 열광, 또는 여기에서 느끼는 이들의 만족감이나 자부심도 귀족 숭배에 비하면 아무 것도 아니다. 귀족에 관한 서적이 대대적으로 팔리고 있으며, 그러한 책은 어디를 가나 성경만큼이나 많은 사람들이 들고 다닌다."

로 비치지 않고 역사적 추억과 함께 부각된다. 위엄의 특이한 성격이 있는 그대로 볼 수 없게 하고 우리의 판단력을 완전히 마비시킨다.

군중은 말할 것도 없고 개인도 대체로 주제에 대한 기성의 의견을 필요로 한다. 이러한 의견의 인기도는 의견 자체의 진위 여부에 좌우되는 것이 아니라 오직 위엄에 좌우된다.

그럼 이제부터 개인적·선천적 위엄은 어떤 것인지 알아보기로 하자. 선천적 위엄은 지금까지 이야기해온 후천적·인위적 위엄과는 성격이 전혀 다르다. 선천적 위엄은 작위나 권력 같은 것과는 무관한 것으로 지극히 적은 수의 사람만이 가질 수 있는 자질이다. 이러한 자질을 가진 인간은 사회적으로 동등하고 문자 그대로의 지배와는 전혀 인연이 없는데도 주위 사람들을 진정 마력으로 사로잡는다. 이러한 위엄을 갖춘 사람은 주위의 인간들에게 자신의 감정과 사상을 주입시킬 수 있고, 사람들은 맹수가 조련사에게 빨려들어 가듯이 그에게 혼을 내맡기고 만다.

석가모니, 예수, 마호메트, 잔다크, 나폴레옹과 같은 위대한 군중의 지도자들은 이러한 형태의 위엄을 높은 수준으로 갖춘 사람들이라 하겠으며, 그들은 이러한 위엄을 배경으로 높이 올라갈 수 있었다.

신이나 영웅 또는 도그마는 자신의 내재적 힘으로 자신의 길을 개척해나간다. 위엄은 토의될 수 없다. 토의된다는 것은 벌써 위엄의 소멸을 의미한다.

앞에서 말한 위인들은 유명해지기 이전에 사람을 이끄는 힘을 가지고 있었다. 그것이 없었다면 세상에 알려질 수 없었을 것이다. 나폴레옹이 영광의 정상에 있을 때, 그가 자신의 권력만으로도 막강한 위엄을 누린 것은 사실이다. 그러나 그러한 권력도 없고 전혀 무명일 때도 그는 어느 정도 위엄을 갖추고 있었다.

나폴레옹은 무명의 장군일 때 한 유력한 후견인의 추천으로 이탈리아군 총사령관으로 부임(1796년)하게 되었는데, 총재정부(프랑스혁명 후의 정부, 1795~1799)에 의해 파견된 젊은 침입자에 대해 현지의 맹장(猛將)들은 노골적인 적의로 대기하고 있었다. 그러나 그가 도착하여 첫 회견을 하는 순간, 어떤 연설이나 제스처 또는 위압 같은 것이 전혀 없었는데도 적대감은 사라져버렸다. 히폴리트 텐은 당시의 비망록에서 이 회견의 진기한 내용을 다음과 같이 남기고 있다.

사단의 장군들, 특히 허세가 심하고 거친 호걸풍의 오주로(Charles Pierre Augereau) 장군은 자신의 장신과 용맹을 자랑하고 있었는데, 파리에서 파견되어 온 벼락출세한 나폴레옹에 대해 아니꼬운 생각으로 참모부에 도착했다. 그들에게 전해진 인사기록을 읽어본 오주로는 오만방자해졌다. 이들이 알게 된 나폴레옹의 신원은 이러한 것이었다. "바라스(Paul de Barras, 총재정부의 영수)의 총애를 받고 있으며, 방데미에르 사건에서 공을 세워 현재의 지위에 올랐고, 시가전에 능하며, 고독한 사색에 잠기기 때문에 곰으로 불렸고, 풍채가 보잘 것 없었으며, 수학자 또는 몽상가라는 별명이 있음." 장군들이 나폴레옹에게 소개되었다. 그러나 나폴레옹은 이들을 한참 기다리게 했다. 한참 만에 칼을 차고 모자를 쓴 차림으로 나타난 나폴레옹은 그가 구상하는 전략을 설명하고 명령을 내린 다음 장군들을 퇴장시켰다. 오주로는 침묵으로 일관했다. 겨우 밖으로 나와서야 제정신이 들었고 버릇대로 악담을 혼자 중얼거렸다. 그는 작은 악마와 같은 풋내기 장군의 위엄에 압도당했던 일을 실토했고, 마쎄나(Jean André Masséna) 장군도 동감을 표시했다(이 두 장군은 나중에 원수로 승급한다). 그는 또 처음부터 압도당한 이유가 무엇인지 모르겠다고 말했다.

출세의 계단을 오르면 오를수록 위엄도 그만큼 커지고 끝내 특히 추종자들에게는 신과 같은 존재로 보이는 것이 위인이다. 아직 거칠고 전형적인 혁명시대의 장군인 방담(Dominique Joseph Vandamme)은 오주로 장군보다 더 난폭하고 정력적이었는데, 1815년 다르나노(d'Arnano) 장군과 함께 파리의 튀일리궁 층계를 오르면서 다음과 같이 말했다.

그 악마 같은 사나이는 저 자신도 이해할 수 없는 매력으로 저를 압도합니다. 신도 악마도 두려워하지 않는 제가 그의 앞에만 서면 어린애처럼 겁을 먹게 됩니다. 그는 저로 하여금 바늘구멍을 뚫고 불 속에 뛰어들게 합니다.

나폴레옹에게는 그와 접촉한 모든 사람을 사로잡는 매력이 있었다.*

다부(Louis Nicolas D'Avoust) 장군은 자신과 마레(Hugues Bernard Maret, 나폴레옹 비서)의 충성심에 대해 이렇게 말한 적이 있다.

"만약 황제(나폴레옹)께서 '정책상 한 사람의 도망자도 허용하지 않고 파리를 파괴해야겠다'고 말한다면, 마레는 그 비밀을 지키겠지만 자기 가족을 피신시키지 않고는 못 배겼을 것이다. 그러나 나는 그 비밀이 새어 나갈까 두려워 처자를 파리에 남겨두었을 것이다……."

엘바섬으로부터의 기적 같은 귀환도 그러한 질서의 마력이 발휘하는 놀라운 힘을 염두에 두어야만 이해될 것이다.

- 철저하게 자신의 위엄을 의식한 나폴레옹은 주변의 명사들을 마구간의 아이 이상으로 거칠게 다루어야 위엄이 더해진다는 것을 간파하고 있었다. 그러한 명사 가운데는 이름만 들어도 유럽이 떨었던 국민공회의 의원들도 있었다. 당시 항간에는 이러한 풍문을 뒷받침하는 이야기들이 많이 퍼져 있었다. 나폴레옹은 어느 날 '국가참정회' 석상에서 뵈노(Jacques Claude de Beugnot) 의원에게 욕설을 퍼붓고 무례한 하인을 대하듯 다루었다. 어느 정도 먹혀 들어가자 나폴레옹은 그에게 다가가 "이 멍청이 같은 친구야, 이제 정신이 좀 들어!" 하고 내뱉었다. 뵈노가 군악대장처럼 큰 키를 굽혀 머리 숙이자, 단신의 나폴레옹은 손을 올려 그의 귀를 잡아당겼다. 뵈노는 그것이 "호의를 표하는 뜻으로 그분의 기분이 유쾌할 때면 흔히 보이는 제스처"라고 기록했다. 이러한 사례는 위엄이 자아낼 수 있는 천박성이 어느 정도인지를 분명하게 보여주는 것이라 하겠다. 이러한 점에서 유명한 폭군들이 주변 인물들을 경멸하는 이유도 이해할 수 있을 것이다. 폭군은 측근들을 '권력을 위한 총알받이'로 내려 보는 법이다.

나폴레옹은 그의 학정에 진저리가 났을 대국의 조직적인 군
대와 단신으로 싸워 전광석화처럼 프랑스를 장악했던 것이다. 그
는 사명을 다할 것을 맹세하고 자신을 체포하러 온 장군들을 응시
하고 있었다. 장군들은 두말없이 나폴레옹에게 차례로 투항했다.

영국의 울즐리 장군은 이렇게 썼다.

나폴레옹은 자신의 왕국이었던 엘바섬에서 거의 단신으로 탈출해
프랑스에 상륙, 무혈로 몇 주 만에 합법적인 왕의 지배하에 있는 프
랑스의 모든 권력조직을 쓸어버리는 데 성공했다. 아무리 권세가 대
단한 인간이라도 이렇게 당당할 수는 없을 것이다. 그의 마지막 전
투이기는 했지만, 처음부터 동맹군을 압도했고 그의 작전에 질질 끌
려 다니게 했으며 동맹군을 섬멸하기 직전에까지 이르지 않았던가!

나폴레옹이 죽은 후에도 그의 위엄은 여전했고 오히려 드높
아졌다. 이름 없던 나폴레옹의 조카가 제위에 오른 것도 그의 위
엄 때문이었다. 지금도 그에 관한 전설이 가속적으로 부활되고 있
는 사실에서도 그에 대한 기억이 아직도 강력하다는 것을 알 수
있다. 충분한 위엄을 갖추고 그것을 뒷받침할 만한 재능만 있으면
사람들을 마음대로 학대하고 수백만을 죽이고 침략을 위한 침략
을 일삼아도 허용되는 것이다.

지나치게 예외적인 위엄만 다룬 것은 아닌가 하는 점은 나도
인정한다. 그러나 위대한 종교, 위대한 독트린, 위대한 제국의 발
생 과정을 밝히는 데는 그것이 대단히 유용하다. 만약 위엄의 힘

이 군중에게 미치지 못했다면 그러한 대업이 이루어질 수 없었을 것이다.

그러나 위엄은 개인적 위압이나 군사적 영광 또는 종교적 공포만을 근원으로 하지 않는다. 훨씬 평범한 뿌리에서 나온 위엄이 상당한 감화력을 가질 수도 있다.

19세기에도 몇 가지 예가 있다. 그중에서도 후세에까지 대대로 기억될 대표적인 예는 지구의 얼굴을 바꾸고 국가 간의 통상관계를 일신해버린 수에즈 운하의 건설자 드 레셉스의 전기라 하겠다. 그가 이 사업에 성공한 데는 그의 엄청난 의지력이 크게 작용했지만, 주변 사람들을 사로잡은 그 자신의 매력에 힘입은 바도 크다.

그는 일치된 반대에 직면했을 때 자신밖에 내세울 것이 없었다. 그는 언제나 간략하게 말하는 버릇이 있었고 그의 매력에 사로잡힌 반대자들은 그의 친구가 되어버렸다. 특히 영국인들이 그의 계획에 끈질기게 저항했고, 그는 영국에 들어가 직접 대중 앞에 나서야 했다. 수년 후에는 그가 사우샘프턴을 지나자 이를 알리는 종이 울렸으며, 오늘날에는 그의 동상을 세우자는 운동이 영국 전역에서 벌어지고 있다.

'인간이건 일이건, 늪이건 암벽이건, 사막이건 황무지건 극복해야 되는 일이라면 다 해냈기' 때문에 파나마에 제2의 수에즈 운하를 건설하려 도전하게 되었다. 그는 수에즈에서와 똑같은 방법으로 시작했지만, 이미 나이가 늙었고 산을 움직이던 신념도 산이 너무 높고 보면 어쩔 수가 없는 일일 것이다. 산은 꿈쩍도 하지 않았고 밀어닥친 재난이 이 영웅을 에워싼 찬란한 서광을 가려버리고 말았다. 그의 생애는 위광이 어떻게 솟아오르고 어떻게 사라지는지를 말해주는 교훈이라 하겠다.

역사상 위대한 영웅들과 위대성을 겨루다가 본국의 집정관에 의해 최악의 범죄인으로 낙인찍힌 것이다. 그가 죽었을 때, 따르는 사람도 없는 그의 관은 무심한 군중 속을 헤쳐나갔을 뿐이다. 외국의 군주들만이 역사상 위대한 인물에게 표하는 조의를 보내왔다. *

* 비엔나에서 발간되는 ≪신자유신문(Neue Freie Zeitung)≫은 드 레셉스의 운명을 주제로 글을 실었는데, 심오한 심리학적 통찰력이 있는 고찰이 아닌가 싶어 여기에 그대로 옮겨본다.
"페르디낭 드 레셉스가 유죄선고를 받은 이상 우리는 크리스토퍼 콜럼버스의 비참한 말로에 대해 경악해야 할 권리가 없다. 만약 드 레셉스가 악한이라면 모든 고귀한 환상은 죄악이 아닐 수 없을 것이다. 먼 옛날이라면 사람들은 찬란한 영광으로 그의 추억을 섬겼을 것이고, 그를 올림포스의 복판에 모시고 미주(美酒)를 올렸을 것이다. 왜냐하면 그는 지구의 표면을 바꾸었고 천지창업을 보다 완성시켰기 때문이다. 프랑스의 고등법원장은 그에게 유죄판결을 내림으로써 자신의 이름을 불멸의 것으로 남기게 되었다. 왜냐하면 세계의 어느 나라 사람이나 한 시대를 장식한 연로한 위인에게 죄인의 모자를 뒤집어씌우고도 두려워할 줄 모르는 세기의 배반자를 잊지 않을 것이기 때문이다. 위대한 업적을 증오하는 관료 지배가 있는 한, 불굴의 정의는 논의조차 하지 말자. 인류는 자신을 믿고 자신의 안전을 돌보지 않으면서 모든 난관을 극복하는 대담한 사람을 필요로 한다. 천재는 소심할 수가 없으며 그렇게 되면 인간활동의 범위를 확대할 수가 없을 것이다. (중략) 드 레셉스는 수에즈에서는 승리의 쾌감을, 파나마에서는 패배의 쓴

물론 이러한 예도 역시 극단적인 경우라 할 수 있을 것이다. 그러나 위엄의 심리학을 구체적으로 설명하기 위해서는 종교나 제국의 창시자에서부터 새로 맞는 코트나 장식으로 이웃에게 뽐내려 하는 개인에 이르기까지 극단의 행렬의 제시가 불가피한 것이다.

그러한 양 극단 사이에는 다양한 요소로 이루어진 여러 가지 형태의 위엄이 ― 과학·예술·문학 등 ― 문명을 형성한다. 그리하여 위광은 설득의 기본요소가 되는 것처럼 보인다. 의식하건 안 하건 위광을 소유한 인간이나 사상 또는 사물은 전염을 통해 즉각 모방되며 전세대로 하여금 어떤 양식의 사상에 대한 감각과 표현을 익히게 한다.

대체로 이러한 모방은 무의식적으로 행해지고, 그렇기 때문에 더욱 완벽한 모방이 된다. 원시인들의 옅은 채색과 투박한 태

잔을 맛본 사람이다. 바로 여기에서 성공의 도덕성에 대한 심리적 반란이 일어난 것이다. 드 레셉스가 지중해와 홍해를 연결했을 때는 군주와 국가들이 찬사를 보냈는데, 오늘날 그가 코르디에라산맥의 암반으로 좌절에 직면하자 다만 하나의 악한이 되고 말았다. (중략) 여기에서 우리는 사회계급 간의 전쟁과 관료 및 피고용자들의 불만을 보게 된다. 관료나 피고용자들은 형법전의 힘을 빌려 자기 동료보다 더 출세하려는 자를 향해 가차 없는 보복을 자행하려 든다. (중략) 현대의 입법의원들은 천재들이 숭고한 발상을 내놓으면 심히 당혹해하고, 일반 대중은 그러한 것에 대한 이해가 부족하기 때문에 검찰총장은, 스탠리(Stanley, 영국의 아프리카 탐험가)는 살인자요, 드 레셉스는 사기꾼이라는 논고를 쉽게 내려버린다……."

도를 모방하는 현대의 화가들은 그네들의 영감이 어디에서 오는지 둔감하다. 이들은 자신들의 성실성을 확신하고 있지만 만약 뛰어난 화가가 그러한 예술형태를 부활시키지 않았다면 일반 화가들은 유치하고 서툰 측면만 알았지 다른 면은 여전히 몰랐을 것이다. 어떤 유명한 대가를 모방해서 캔버스에 자색을 짙게 칠하는 화가가 있다면 그것은 그가 50년 전보다 자연의 자색이 두드러지게 노출된 것을 발견했기 때문이 아니라, 자색을 강조한 문제의 대가가 위광을 크게 떨치게 되었기 때문에 그의 개성적 특수 영향을 받고 '암시'를 받아서 그렇게 된 것이다. 이러한 사례들은 문명의 여러 요소에서 발견할 수 있다.

이상의 서술에서 위엄(또는 위광)의 발생에 관한 몇 가지 요인을 발견하게 되는데, 그중에서도 가장 중요한 것이 성공이다. 보편적으로 승인된 모든 성공한 사람이나 사상은 사실상 의문의 여지가 없게 된다. 성공이 위엄에 이르는 중요한 징검다리의 하나라는 증거는 성공이 무너지면 다른 것도 무너진다는 데서 나타난다. 바로 어제 군중의 갈채를 받던 영웅도 오늘 실패로 물러나게 되면 경멸의 대상이 된다.

위광이 크면 클수록 반동현상도 크게 나타난다. 이 경우 군중은 몰락한 영웅을 자신과 동등하게 여기며 지금은 벌거벗은 어제의 영웅에 고개 숙였던 것을 복수하려 든다.

로베스피에르가 동료와 동시대인들을 마구 단두대로 올려 보냈을 때는 그의 위엄이 대단했다. 그러나 몇 표의 이동이 그의 권력을 박탈하게 되자 그의 위광은 즉각 사라졌고, 군중은 단두대로

가는 그를 따르면서 엊그제 그 자신이 처형한 사람들에게 퍼부었던 것과 똑같은 저주를 그에게 퍼붓고 있었다. 신앙인들이 전날에 신으로 받들던 자의 동상을 무너뜨릴 때는 분노가 더욱 치미는 법이다.

성공의 뒷받침이 없어 위광이 무너지는 것은 순간적이다. 토론의 대상이 되는 위광도 사라지는 것은 마찬가지이나 점차로 사라진다.

위광은 문제로 제기되는 바로 그 순간 이미 위광의 본질을 상실한다. 장기간 위엄을 지킨 신이나 인간은 결코 위엄의 문제화를 허용치 않았다. 군중의 찬양을 위해 위엄은 일정한 거리를 유지하지 않으면 안 된다.

신조가 무너지면 모든 것이 무너진다

생물의 구조적 특징과 심리적 특징 사이에는 밀접한 유사성이 있다. 구조적 특징에는 어떤 불변적이거나 약간만 변화하는 요소가 있어서 그것이 변화하는 데는 수천 년이 걸리는 것을 알 수 있다. 이처럼 고정된 불변의 특징과 함께 사육사 또는 원예사가 간단히 변화시킬 수 있는, 그리고 부주의한 관찰자는 기본 특징이 전혀 보이지 않을 정도로까지 변화시킬 수 있는 특징이 있다.

이와 똑같은 현상이 정신의 구조에도 존재한다. 민족(종족)의 불변적인 심리적 요소와 함께 유동적·가변적 요소가 발견된다. 이 때문에 민족의 신조와 여론을 연구하다 보면 고정된 불변의 기반 위에 바위를 덮은 모래밭이 변화하듯 유동하는 여론이 깔려 있음을 알게 된다.

군중의 신조와 여론은 서로 완전히 다른 두 가지로 확연히 구분이 된다. 하나는 수백 년 이상 지속되는 거대한 항구적 신념으로 이것을 기반으로 전체 운영이 형성된다. 과거의 봉건주의, 기독교, 프로테스탄티즘, 우리가 살고 있는 현대의 민족주의 원리, 민주주의, 사회주의 사상들이 그것이라 하겠다.

두 번째의 경우는 일시적인 가변적 여론으로 어느 시대에나 나왔다가 사라지는 일반적 관념의 소산이라 할 수 있는 문학이나 예술의 사조, 즉 자연주의, 낭만주의, 신비주의 등이 좋은 예가 될 수 있다. 이러한 형태의 여론은 표피적인 것으로 대체로 유행적이고 가변적이다. 말하자면 깊은 호수의 표면에 끊임없이 나타났다 사라지는 파문과도 같은 것이다.

위대한 보편적 신조는 그 수가 지극히 제한되어 있다. 이러한 보편적 신조의 영고성쇠가 전통적 민족의 역사에서 하나의 포인트로 작용한다.

군중의 마음에 일시적 신조를 고취시키는 일은 간단하나 항구적 신조를 주입시키는 일은 쉽지가 않다. 그러나 일단 이러한 신조가 머리에 박혀버리면 뿌리 뽑기도 힘이 든다. 격렬한 혁명의 대가를 치러야만 가능하다. 혁명이라고 하지만 그것 역시 그러한 신조가 군주에 대한 지배력을 상실할 때만이 가능하다. 따라서 이러한 경우의 혁명은 관습적으로 명맥만 있을 뿐 이미 외면당한 신조들을 제거하는 일이 된다. 혁명의 시작은 현실적으로 신조의 종말을 의미한다.

위대한 신념이 흔들리기 시작하는 것은 쉽게 알아낼 수가 있다. 신조의 가치가 문제화되면 이미 기우는 조짐이다. 보편적 신조라는 것은 거의가 하나의 허구인 것이며 시험되지 않는다는 조건에서만 생명력을 갖는다.

그러나 신조가 심각한 동요를 일으켜도 그것을 태동시킨 제도는 힘을 회복할 수가 있으며 몰락해도 천천히 몰락한다. 최종적으로 신조가 무너져버리면 이것을 기반으로 해온 다른 모든 것도 몰락하게 된다. 지금까지 어떤 국가도 자신의 모든 문명요소들을 뒤엎지 않고 신조의 혁신에 성공한 적이 없다. 민족이나 국가는 새로운 신조를 발견하고 이것이 보편적으로 받아들여질 때까지, 또 이러한 전환이 무정부 상태에서 진행될 때까지 문명을 혁신시키게 된다. 보편적 신념은 바로 문명의 기둥이며 사상의 방향을 결정한다. 신조(belief)만이 신앙(faith)을 고취하고 의무감을 배양한다.

국가는 언제나 신조의 성취가 유익하다는 것을 의식해왔으며, 신조가 상실되면 국가도 멸망한다는 것을 알고 있었다. 로마제국은 로마제국에 대한 숭배를 바탕으로 세계를 제패했으며 신조가 소멸되자 멸망의 길로 접어들었던 것이다. 로마 문명을 휩쓸어버린 야만족들이 어느 정도 단합하게 되고 무정부 상태에서 벗어난 것은 공통적으로 받아들일 수 있는 신조를 갖게 되면서부터이다.

국가가 자신의 견해를 옹호하는 데 강경하게 나오는 것은 괜히 그러는 것이 아니다. 이런 강경한 자세는 철학적 관점에서 비판의 여지가 있을 수도 있겠지만 국민의 생활에서는 가장 필요한 미덕이다. 중세시대에 수많은 순교자들이 형장의 이슬로 사라지고, 수많은 발명자와 개혁자들이 순교를 면할 수 있었는데도 절망 속에 죽어간 것은 신조를 확립하고 옹호하기 위해서였다.

신조를 옹호하기 위해 지구상에는 천하대란이 연출되었고, 수많은 사람이 전쟁터에서 죽어갔으며, 앞으로도 또 죽어가게 될 것이다.

보편적 신조를 확립하기란 그처럼 어려운 것이지만, 일단 그것이 정착되면 그 힘은 오랫동안 무적을 자랑하게 되며, 그것이 철학적으로 아무리 허위적인 것이라 해도 현명한 식자에게까지 침투된다.

유럽 민족들을 자세히 들여다보면 그들은 몰로크(Moloch, 페니키아인들이 어린아이를 산 제물로 바쳤다는 신)의 미개한 전설이나 다를 바 없는 종교적 전설을 1500년 이상이나 절대적으로 믿고 있지 않는가?*

신이 그가 창조한 한 사람이 복종하지 않을 경우, 그의 자식에 대해 가혹한 형벌의 보복을 가한다는 전설은 도저히 믿어지지가 않는 것이지만 수백 년 동안 저항감 없이 지내왔던 것이다. 갈릴레오, 뉴턴 또는 라이프니츠 같은 뛰어난 천재들도 그와 같은 도그마를 문제 삼을 생각이 꿈에도 없었던 것이다. 이와 같은 보편적 신조처럼 최면술적 효과를 유감없이 설명해주는 것은 없을 것이며, 이것은 동시에 인간 지식의 치명적 한계를 결정적으로 증명하고 있는 것이다.

* 미개한(barbarious)이라는 것은 철학적으로 다음과 같은 뜻으로 사용한 것이다. 실제로 종교적 전설이 전혀 새로운 문명을 창설하여 1500년 동안을 앞으로는 다시 보기 힘든 고결한 꿈과 희망의 빛을 인류에게 제시했다.

새로운 도그마가 군중의 마음속에 정착하게 되면 그것이 곧 모든 제도와 예술, 그리고 존재의 양식을 결정하는 영감의 원천이 된다. 이러한 상황하에서 그것이 인간의 마음을 사로잡는 힘은 거의 절대적이다.

행동인은 공인된 신조를 실천하는 일 외에, 입법인은 그것을 응용하는 일 외에 다른 생각이 없으며, 철학자나 예술가, 지식인은 여러 가지 형태로 그것을 표현하는데, 기본적 신조에서 여러 가지 일시적이고 부수적인 사상이 태동하지만 그러한 부수적인 사상들은 모체 신조의 색채를 저버리지는 못한다.

이집트 문명이나 중세의 유럽문명 또는 아랍인의 이슬람 문명은 다 같이 몇 가지 종교적 신조의 산물이며, 이러한 종교적 신조는 그들 문명의 미세한 요소에까지 자국을 남기기 때문에 금방 식별이 가능하다.

이처럼 보편적 신조 때문에 어느 시대의 인간이나 비슷한 특징을 갖게 하는 전통세계라는 관습의 틀에 묶이게 하고 이 굴레에서 좀처럼 벗어나기가 힘든 것이다. 인간은 무엇보다도 신조와 이러한 신조에서 파생된 관습에 의해 지배된다. 이러한 신조와 관습이 우리가 살아가는 작은 행동까지 규제하며 아무리 주체성이 강한 사람이라도 영향을 받게 된다. 무의식적으로 군중의 마음을 지배하는 독재만이 진정한 독재인 것이다. 왜냐하면 대항해 싸울 근거가 없기 때문이다.

로마 황제 티베리우스, 칭기즈 칸, 나폴레옹은 분명 가공스러운 독재자였다. 그러나 철두철미하게 인간의 영혼에 완벽한 독재를 행사한 것은 모세, 석가모니, 예수, 마호메트였다. 반란을 일으켜 폭군을 몰아낼 수는 있다. 그러나 확고하게 뿌리박힌 신조는 어떻게 몰아낼 것인가?

군중이 편들고 종교재판과 같은 잔인성을 동원했음에도 프랑스혁명은 로마 가톨릭과 격렬한 투쟁을 벌인 끝에 패배하고 말았다. 인간이 체험한 진짜 폭군은 죽은 자에 대한 추념이거나 스스로 환기시킨 환상이었다.

철학적 메스로 들추어낸 보편적 신념에 대한 불합리성의 폭로도 승리에는 별다른 장애가 되지는 못했다. 그러한 신조의 승리는 불가사의한 모순이 없었다면 오히려 불가능했을 것이다. 따라서 현재 나타나고 있는 사회주의 신조의 명백한 모순이 군중을 사로잡는 데 결정적 장애가 되지는 않을 것이다.

모든 종교적 신조에 비해 사회주의 신조가 갖는 약점은 종교가 제시한 행복의 이상이 내세에 실현되는 것으로 되어 있기 때문에 어느 누구도 시험할 수가 없다는 데에 있다. 그러나 사회주의가 주장하는 이상향은 지상에서 실현되게끔 되어 있기 때문에 이것을 실현하려는 최초의 노력이 시도되자마자 약속의 허구성이 드러날 것이고, 사회주의 신조는 즉각 위광을 잃게 될 것이다.

이 때문에 사회주의 세력은 그 이상이 실천되는 승리의 그 순간까지만 증가할 것이다. 바로 이 때문에 사회주의라는 새로운 종교는 이전의 종교가 그랬듯이 파괴적인 영향력을 발휘하게 되고 창조적 역할을 수행하지 못하게 될 것이다.

변화무쌍한 군중의 여론

　지금까지 설명한 그런 고정신조의 강력한 기반 위에서는 끊임없이 부침하는 수많은 여론과 관념 및 사상의 성장이 전개된다. 어떤 여론·관념·사상은 하루살이로 끝나는 수도 있고 중요한 것이라 해도 한 세대를 넘기기가 어렵다는 사실이다. 이러한 형태의 여론에 일어나는 변화가 실제보다 훨씬 피상적일 때가 있고 민족성의 영향을 받는다는 것은 이미 지적한 바 있다.

　예를 들어 프랑스의 정치제도를 고찰하면서 나는 여기에 나타난 왕당파, 급진주의, 제국주의, 사회주의 등등의 정당들이 표면적으로는 확연한 차이를 보이지만 완전히 동일한 이상을 지향하며, 그러한 이상은 전적으로 프랑스 민족의 정신구조에서 연유된다는 것을 밝히는데, 그 이유는 다른 민족에서는 그와 비슷한 이름으로 전혀 다른 이상이 추구되기 때문이라고 설명한 바 있다. 어떤 관점에 붙여진 이름이나 속임수의 응용이 사물의 본질을 바꾸지는 못한다. 라틴문학의 영향을 받은 프랑스혁명 때의 사람들은 (로마공화국에 착안하여) 로마의 법률, 로마의 권표, 로마의 관복을 채택했지만 로마인이 될 수는 없었다. 왜냐하면 로마인들은 강력한 역사적 암시가 있는 제국에서 살았기 때문이다.

표면적인 변화 아래 깔린 전통적 신조를 지탱하는 것이 무엇인지 가려내고 유동하는 여론 속에서 보편적 신조와 민족정신에 의해 결정된 것이 어떤 것인지 찾아내는 것이 철학자의 과제이다.

철학적 검증이 없다면 군중이 마음대로 정치적·종교적 신조를 빈번하게 바꾸는 것처럼 생각될 것이다. 정치적이건, 종교적이건, 또는 예술적이건, 문학적이건, 모든 역사 사실이 그렇지 않느냐는 것을 증명하는 듯이 보인다.

1790년부터 1820년에 이르는 30년 동안의 한 세대를 프랑스 역사에서 예로 들어보자. 이 기간에 군중은 애초에 군주주의였다가 혁명주의 사상으로, 다음에는 제국주의 사상으로 전신되었다가 다시 군주주의 사상으로 되돌아가는 것을 보게 된다. 종교문제에 있어서도 시간이 흐르면서 가톨릭에서 무신론으로, 다시 이신론(理神論, deism)으로 갔다가 그다음에는 철저한 가톨릭으로 되돌아온다. 이러한 전신은 군중뿐 아니라 군중을 지도한 사람들의 경우에도 마찬가지였다.

우리는 국민공회의 저명한 의원, 왕의 골수적 반대자, 신도 주인도 경멸했던 사람들이 나폴레옹의 비천한 부하가 되고, 그 뒤 루이 18세가 집전한 시절에는 촛불을 들고 종교행렬에 참가한 것을 경악으로 기억한다. 그다음 70년 동안 군중의 여론 변화도 다양했다. 19세기 초에는 '믿을 수 없는 앨비언(pertidious Albion)'(앨

비언은 영국의 옛 이름)으로 불리던 영국인이 나폴레옹 후계자들의 지배하에서는 프랑스의 동맹국이 되었고, 두 번이나 프랑스의 침략을 겪고 프랑스의 패배를 흡족하게 지켜보았던 러시아도 프랑스의 우방이 되었다.

문학, 예술, 철학에서도 견해의 변화는 더 숨차게 진행되었다. 낭만주의, 자연주의, 신비주의가 차례로 고개를 들었다가 사라지는가 하면, 어제 격찬된 예술가나 작가가 내일에는 더할 수 없는 경멸의 대상이 되곤 했다.

이러한 표면상의 변화를 지금까지 분석해서 알아낸 것은 무엇일까? 어떤 것이건 보편적 신념과 민족감정에 어긋나는 것은 일시적 명맥일 뿐, 밀려났던 대세가 다시 제자리를 찾아들기 마련이라는 사실이다. 어떤 보편적인 신조나 민족감정에 연결되어 있지 않는, 따라서 안전성을 가질 수 없는 견해는 우연한 찬스에 좌우되고 표현이 적합할지는 모르겠으나 상황의 변화에 좌우된다. 암시와 전염에 의해 형성된 관점은 순간적인 것으로, 그것은 바람결에 따라 여러 모양으로 변화하는 해안사구 같은 것이다.

오늘날 군중의 가변적 여론은 그 어느 때보다 풍성하게 넘치고 있는데, 거기에는 세 가지 이유가 있다.

첫째, 전통적 신조는 날로 영향력을 잃어가면서도 과거와는 달리 과도기적 여론을 형성할 기미를 보이지 않는다는 점이다. 보편적 신조의 사양이 과거도 미래도 없는 포말적 세계관의 난무를 초래한 것이다.

두 번째 이유는 군중의 세력이 증가 일로에 있다는 것, 그러면서도 견제 세력은 날로 약화된다는 것, 군중의 특징으로 지적한 바 있는 사상의 유동성이 극단상황에 이르렀고 주저 없이 표방할 수 있게 된 점이라 하겠다.

마지막 세 번째 이유로 지적하고 싶은 것은 신문의 발달이다. 신문의 기동력은 가장 대조적 관점을 군중의 눈앞에 제시한다. 개인의 의견에서 나올 수 있는 암시는 정반대의 암시에 의해 즉각 상쇄되어버린다. 결과적으로 어떤 의견도 지배권을 확보하지 못하게 되고 모든 의견이 포말적 존재가 되어버린다. 오늘날 이른바 관점이라는 것들은 널리 받아들여져 보편화될 겨를이 없이 요절하고 만다.

이러한 현상은 인류 역사상 전혀 새로운 것으로 현대의 특징이라 하겠으며, 위에서 말한 세 가지 이유에서 야기되고 있는 것이다. 이 모든 원인은 여론에 대한 정부의 통제력 상실에 있지 않나 생각된다.

과거에는 ― 결코 먼 과거가 아니다 ― 정부의 활동, 몇몇 작가, 아주 적은 수의 신문이 여론의 실질적 대변인 구실을 했다. 그러나 오늘날 작가들은 영향력을 완전히 상실했고 신문만이 여론을 반영한다. 정치가들은 여론을 지도하기는커녕 여론에 따라가느라 쩔쩔 맨다. 정치가들은 여론을 두려워하여 심지어 테러로 생각하기 때문에 안절부절못하여 행동의 일관성을 유지하지 못하는 수도 있다.

그러면 그럴수록 군중의 여론이 정치의 바로미터가 된다. 국민운동의 결과로 맺게 된 불로동맹의 경우에서 볼 수 있었던 것처

럼 오늘날 군중의 여론은 동맹 문제까지 간섭하게 되었다. 교황이
나 왕 또는 황제가 어떤 문제에 대한 자신의 견해를 군중이 판단
하는 데 참고하도록 제시하기 위해 인터뷰를 하는 것도 현대의 기
이한 증상이다. 이전 같으면 정치는 감정의 문제가 아니라고 말하
는 것이 당연했을 것이다. 정치가 나날이 가변적인 군중, 이성이
통하지 않고 감정에만 휩쓸리는 군중의 충동에 좌우되는 마당에
그러한 말을 할 수 있을까?

　　과거에 여론을 지도했던 신문도 지금은 정부와 마찬가지로
군중의 세력에 굴복하지 않을 수 없게 되어 있다. 물론 지금도 신
문은 상당한 영향력을 발휘하고 있다. 그러나 그것은 오직 군중의
여론을 반영하고 있기 때문인 것이다. 단순한 정보를 제공하는 기
관이 되어버린 신문은 어떤 사상이나 독트린을 주장하는 노력을
일체 포기하고 있다. 독자를 잃을까 경쟁 속에서 전전긍긍하기 때
문에 여론의 변화에 따라갈 뿐이다. 전통적으로 안정되고 영향력
이 컸던 ≪콩스티튀시오넬(Constitutionel)≫, ≪데바(Débats)≫,
≪시에클(Siécle)≫ 같은 신문은 과거 세대가 신탁처럼 여겼지만,
지금은 폐간되었거나 전형적인 현대적 신문이 되어버려 읽을거리
나 사회의 가십, 또는 금융계의 허풍 따위로 꽉 채워지기 때문에
뉴스는 비집고 들어갈 틈이 거의 없다.

　　오늘날 신문이 기고가들에게 개인적 의견을 개진하도록 허용
하는 여유를 가진 것은 틀림없으나, 정보 획득이나 오락이나 찾을
뿐 모든 주장을 불순한 동기로 의심하려 드는 독자들에게 그러한
의견이 먹혀들 리 없다. 비평이 저술이나 연극을 성공으로 이끌어

주던 기능도 사라지고 말았다. 방해가 되면 되었지 이익이 되는 일이 드물어졌다. 신문들도 비평이나 개인 의견 같은 기사가 전혀 인기가 없다는 것을 알기 때문에 문학비평을 억제하기에 이르렀고, 책의 제목을 소개하고 허사(虛詞) 몇 줄 붙여주는 데 그친다. 20년쯤 지나면 연극평이라는 것도 같은 운명을 맞게 될 것이다.

여론의 행방을 면밀히 주시하는 것이 오늘날에는 정부와 신문의 중요한 관심사가 되었다. 입법 제안, 연설 등등이 어떤 반응을 일으키는지에 대해 정부와 신문은 촉각을 곤두세우고 있지만, 군중의 여론처럼 변덕이 심한 것이 없고 어제 갈채를 보내다가 오늘 저주하는 일이 비일비재하기 때문에 결코 쉬운 일이 아니다.

이처럼 여론의 지도가 전무한 상태인 데다 보편적 신조의 괴멸로 인해 질서에 대한 각양각색의 소신들이 극단적으로 분열되었고, 군중도 자신의 직접적 이해와 관련이 없는 일에는 점차 무관심해졌다. 사회주의 독트린 같은 문제도 예를 들면 광산이나 공장노동자 등 이른바 순수이념을 자랑하는 문명계층에서 투사들이 나오고 있다. 중하층이나 약간의 교육을 받은 노동자들은 회의적이거나 지극히 불안정한 소견을 가질 뿐이다.

지난 25년간에 나타난 이러한 방향으로의 발전은 그 속도가 가공할 정도이다. 얼마 전까지만 해도 그러한 현상이 명백하지 않았어도 여론의 어떤 일반적 추세가 있었고, 어떤 기본적인 신념의 수긍을 근거로 여론이 생겨났다. 가령 어떤 개인이 군주주의자라 하면 그는 반드시 역사와 학문에 대한 명확한 식견을 가지고 있었으며, 공화주의자라 하면 그와 반대되는 철학을 가지고 있었다.

군주주의자는 인간이란 원숭이에서 진화된 것이 아님이 분명하다는 발상을 기본 철학으로 삼고 있었다. 프랑스의 대혁명에 대해 군주주의자들은 공포를 앞세우고 공화주의자들은 존경을 앞세우는 것이 하나의 의무였다. 로베스피에르나 마라 같은 인물처럼 종교적 신앙으로 이야기되어야 할 사람이 있고 카이사르, 아우구스투스, 나폴레옹처럼 빗발치는 비난으로 제기되어야 할 사람이 있는 법이다. 이처럼 역사를 솔직하게 해석하는 풍조는 소르본대학에서도 일반화되어 있다.*

오늘날에는 토론과 분석 때문에 어떤 의견의 위엄은 찾기 힘들어졌다. 의견의 명확한 특징은 급속도로 사라지고 있으며, 우리의 열기를 불러일으킬 만한 것도 거의 없다.

현대인은 나날이 무관심에 사로잡혀 가고 있다. 여론의 전반적 쇠퇴에 대해 지나치게 개탄할 필요는 없다. 국민생활에 나타나고 있는 퇴폐야말로 통탄해야 할 일인 것이다. 위대한 사람이나

* 이러한 점에서 보면 프랑스 공립대학 교수들의 역사 교과서에는 기이한 대목이 들어 있다. 이것을 보면 프랑스에서 행해지고 있는 대학교육제도가 비판정신을 전혀 키우지 못한다는 것을 알 수 있다. 그 예로 소르본대학의 역사학 교수 람보(Alfred Nicolas Rambaud)의 『프랑스혁명』에서 간략하게 인용해보겠다. "바스티유 감옥의 점령은 프랑스뿐 아니라 전체 유럽의 역사에서 최고의 사건이었고 세계사에 신기원을 그은 사건이었다." 로베스피에르에 관한 부분에서 "그의 독재는 특히 여론과 설득 그리고 도덕적 권위를 바탕으로 했고, 덕망 있는 인간이 차지한 사교직이었다"라고 한 데에는 아연실색하지 않을 수 없다.

초자연적 통찰력을 가진 사람들, 군중의 선동자, 지도자들 ― 문자 그대로 순수하고 강력한 의지의 인간들 ― 은 거부하고 비판하거나 무관심한 사람들보다 훨씬 더 큰 힘을 발휘한다. 그러나 오늘날에는 군중의 힘이 대단하기 때문에 어떤 의견이 전반적으로 인정될 만큼 충분한 위광을 가질 경우, 이 의견은 모든 것을 굴복시키는 전제적 파워를 즉각 얻게 되며 장기간 자유토론의 길이 막혀버린다. 군중은 헬리오가발루스(Heliogabalus)나, 티베리우스처럼 태평스러운 지배자가 되는 수도 있지만 그러나 대단히 변덕스럽다.

군중이 지배하게 될 경우, 문명은 갈피를 잡지 못해 오래 지속하기가 어려울 것이다. 따라서 무엇보다 군중의 여론이 극도로 안정성을 상실하고 이들이 보편적 신조에 무관심하면 할수록 문명의 파멸은 연기될 수가 있는 것이다.

군중의
분류와
유형

군중의 분류

　지금까지 심리적 군중에 공통되는 일반적 특징을 검토해보았다. 이제부터는 그러한 심리 군중이 적절한 자극 유인에 의해 군중으로 전환하여 여러 가지 상이한 형태의 집단에 따라 발생하는 일반적 질서의 특성이 무엇인지 알아보자.

　첫째는 단순다수이다. 가장 유치한 형태는 이민족에 속하는 개인들로 이루어지는 다수이다. 이 경우, 유대의 유일한 공통 연결고리는 — 다소간에 — 존경되고 있는 지도자의 의지라 하겠다. 수세기 동안 로마제국을 침범한 다민족으로 구성된 야만족 집단이 대표적인 예가 될 것이다. 이처럼 다민족으로 형성된 다수보다 한 단계 높은 차원의 집단은 어떤 영향으로 공통적 성격을 갖게 되고 결국에는 단일민족이 되어버린 경우라고 하겠다. 이러한 집단은 흔히 군중에게만 특수하게 나타나는 성격을 띠지만 민족적 요인에 의해 — 정도의 차이는 있지만 — 가려져 버린다.

　이러한 두 가지 형태의 다수는 이 글에서 설명하는 어떤 영향을 받아 조직적 또는 심리적 군중으로 변화될 수 있다.

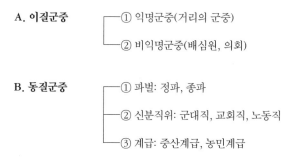

A. 이질군중
① 익명군중(거리의 군중)
② 비익명군중(배심원, 의회)

B. 동질군중
① 파벌: 정파, 종파
② 신분직위: 군대직, 교회직, 노동직
③ 계급: 중산계급, 농민계급

이처럼 상이한 유형의 군중은 어떤 특징을 가지고 있을까?

질이 다른 군중은 한뜻으로 뭉치기 어렵다

지금까지 고찰한 것은 이러한 이질 집단의 성격에 관한 것이었다. 그러한 집단은 여러 가지 성격, 여러 가지 직업, 여러 가지 지식수준을 가진 개인으로 구성된다.

우리는 군중을 형성한 개인이 행동을 취하게 될 때는 그들의 개인심리와는 본질적으로 달라진다는 것, 그들의 지식은 이러한 차이의 영향을 받는다는 사실을 잘 알고 있다. 또한 집단에서는 지식의 영향이 없으며, 집단은 오직 무의식적 감정의 위력에 지배당한다는 사실도 언급한 바 있다.

민족이라는 기본 요소는 다양한 이질군중의 분화를 허용한다.

우리는 이미 민족의 역할에 대해 언급했고, 민족이라는 요소만큼 인간의 행동에 강력한 영향을 주는 것도 없다는 사실을 지적했다. 민족의 행동도 군중의 성격과 비슷한 데가 있다. 개인으로 구성되었지만 모두가 영국인 또는 중국인인 군중은 러시아인, 프랑스인, 스페인인 등 인종이 서로 다른 개인으로 구성된 군중과는 확연히 다를 것이다.

　민족마다 유전적인 정신구조가 크게 다르기 때문에 사람의 감정이나 사고의 양식까지도 달라진다는 사실은 국적을 달리하는 사람들이 거의 비슷한 비율로 동일한 군중 속에 섞일 때 — 그러한 경우는 드문 일이지만 — 가장 뚜렷이 나타난다. 이것은 모이게 된 이해관계가 표면상 일치되는 경우에도 마찬가지다. 사회주의자들이 각국의 노동자 대표들로 구성된 대회의를 조직하려 했지만, 언제나 요란스러운 의견의 충돌로 뜻을 이루지 못했다. 라틴 민족의 군중은 아무리 혁명적이고 아무리 보수적인 경우라도 그들의 요구를 실현하기 위해 국가가 개입하도록 호소하는 기질이 있다. 라틴 민족은 거의 공공연하게 중앙집권화를 추구하고 독재에 기우는 경향이 있다. 반대로 영국이나 미국의 군중은 국가에 전혀 기대하지 않으며 개인적 창의성을 중요시한다. 프랑스 군중은 평등에 특별한 비중을 두는 반면, 영국 군중은 자유에 비중을 둔다. 이러한 민족의 차이성 때문에 사회주의나 민주주의 종류가 세계의 국가 수만큼이나 다양해진 것이다. 따라서 민족정신은 군중의 기질에 절대적 영향을 주게 된다. 성품의 변화에 제동을 거는 저변의 강력한 힘도 바로 민족정신이다.

　민족정신이 강렬할수록 군중의 열등한 성격이 줄어든다는 것은 하나의 기본원칙이다. 군중국가 또는 군중의 지배는 야만국가이거나 야만에의 복귀라 할 수 있다. 민족이 군중의 직선적 파워로부터 단호하게 해방되고 야만국가를 탈피하려면 견실한 집단정신을 갖춰야 한다. 민족적 관점이 아닌 이질군중의 분류에는 익명

군중(예를 들면 거리의 군중)과 비익명군중(예를 들면 배심원과 의회)의 구분이 있다. 익명군중은 책임감이 없고 비익명군중은 개별행동이 빈번이 나타난다.

동질군중은 ① 파벌(sect), ② 신분(Caste), ③ 계급(Class) 등세 가지로 나눌 수 있다. 파벌은 동질군중의 조직 과정에서 1단계라 할 수 있다. 파벌은 교육 배경과 직업 그리고 소속 계급이 판이한 사람들로 구성되며 공통 신념이 연결고리 구실을 한다. 대표적인 예로는 종교적 교파와 정치적 당파를 들 수 있다. 신분은 군중이 이룰 수 있는 최고 수준의 조직을 말한다. 파벌이 다양한 직업, 다양한 차원의 교육과 다양한 사회 환경을 가진 개인들의 공통적 신념에 의한 집합체인 데 반해, 신분은 같은 직업, 따라서 비슷한 교육을 받은, 그리고 비슷한 사회적 직위를 가진 사람의 집합체라 하겠다. 계급은 출신성분이 다른 개인의 집합체인데, 파벌이 구성원이나 동일 직종 또는 신분의 구성인 것과는 달리 신념의 공동체가 아니며, 어떤 이해관계나 생활관습 또는 교육관계 등에서 일치되는 집단을 말한다. 중산계급 또는 농민계급이 대표적인 예라고 하겠다. 본 연구는 이질적 군중만을 다루고 동질군중에 관해서는 별도의 책으로 구성하고 있기 때문에 동질군중의 성격 부분은 생략하기로 한다. 이질군중의 연구는 몇 가지 대표적인 유형의 분류를 검토함으로써 마무리할 생각이다.

범죄적인 군중

군중은 흥분 상태를 지나 완전히 자동적인 무의식상태에 빠져들고 오직 암시에 따라 움직이기 때문에 이들을 범죄자로 규정하는 것은 어느 모로나 타당하지가 않다. 그러나 최근의 심리학적 연구에 의해 이러한 형용사를 일반적으로 사용하게 되었기 때문에, 잘못된 용어이지만 그대로 쓸 생각이다.

군중의 어떤 행동은 그 행동 자체만을 생각하면 분명히 범죄가 될 수 있다. 그러나 이러한 범죄는 한 마리의 호랑이가 인도 사람을 잡아서 새끼들이 가지고 놀게 한 다음 덮치는 그러한 행동과 같은 범죄라 할 수 있다. 군중의 일반적 범죄 동기는 강력한 암시이며 그러한 범죄에 참가한 사람들은 나중까지도 자신들이 의무에 복종했을 뿐이라 확신하며 통상적인 범죄자와는 판이하다. 군중이 저지른 범죄의 역사는 이러한 사실을 잘 설명해준다.

바스티유 감옥의 소장 드모네를 살해한 사건이 이러한 전형적인 예로 꼽힐 수 있을 것이다. 감옥이 점령당할 때, 소장은 흥분한 군중들에게 붙잡혀 뭇매를 맞았다. 목을 걸어 죽인 다음 머리를 잘라 말꼬리에 매달자는 주장이 나왔다. 죽지 않으려 버둥거리다가 자기도 모르게 옆 사람을 차게 되었다. 누군가 차인 사람이 목을 베기로 제의하자 군중들은 갈채로 동의했고 즉각 채택이 되었다.

문제의 사나이는 실직한 요리사였는데 사태가 어찌 되어가나 심심소일로 바스티유에 온 사람으로, 전체 의견에 좇아 취한 행동이기 때문에 애국적이라 생각했고 성주를 죽였기 때문에 그만한 보상이 있을 것으로 믿었을 것이다. 그는 건네주는 칼로 드러난 목을 내리쳤으나 칼날이 무디어 목이 잘리지 않게 되자 호주머니에서 검정색 손잡이가 있는 작은 칼을 꺼내(요리사였기 때문에 고기 자르는 데 능숙했을 것이다) 솜씨 있게 일을 끝냈다.

군중의 범죄 과정이 어떤 것인지를 잘 보여주는 예라 하겠다.

우리는 누구나 암시에 복종하기 마련인데 암시가 집단적이었기 때문에 훨씬 영향력이 컸을 것이고, 수많은 동료 시민의 만장일치적인 동의에서 행해진 것이기 때문에 그 자신이 훌륭한 일을 하고 있는 것으로 믿는 것은 당연한 것이라 할 수 있다. 이러한 행동은 법적으로는 범죄이지만 심리적으로는 범죄가 아닌 것이다.

범죄적 군중의 일반적 특징은 여러 사람이 집단화되었을 때의 성격과 전혀 다른 것이 없는 그대로다. 즉 암시와 잔인성, 기동성에 민감하며 선악의 감정이 폭발하고 어떤 형태의 도덕성을 표방하는 등등.

우리는 이러한 모든 특성을 프랑스 역사상 가장 우울한 기억으로 남아 있는 1792년 9월의 대학살을 자행한 군중에서 찾아볼 수가 있다.

한마디로 이 군중은 성 바르텔레미의 대학살에 참가한 군중과 여러 점에서 닮아 있는 것이다. 자세한 내용을 당시의 자료에서 수집한 히폴리트 텐의 기록에서 인용키로 한다.

옥중에 있는 죄수들을 모조리 죽여 감옥이 비도록 명령했거나 제안한 사람이 누구인지 정확히 알려지지 않고 있다. 그것이 당통 — 가능성은 크다 — 이었는지 아니면 다른 사람이었는지는 문제될 것이 없다. 우리의 한 가지 관심은 학살을 맡은 군중들이 받은 강력한 암시 그 자체이다.

살인을 자행한 군중의 수효는 300명이었고 아주 전형적인 이질군중이었다. 이 군중들은 소수의 직업적 건달을 제외하고는 주로 갖가지 업종의 점원과 직공들, 즉 제화공, 자물쇠공, 이발사, 석공, 사무원들로 구성되어 있었다. 받아들인 암시의 영향으로 이들 군중은 앞서의 요리사처럼 자기들이 애국적인 의무를 이행하고 있는 것으로 철저히 믿고 있었다. 그들은 재판과 사형 집행인을 겸직한 셈이었으며, 범죄를 저지르고 있다는 생각은 추호도 없었다.

군중들은 그들의 임무가 중대하다는 것을 깊이 의식, 일종의 법정을 마련했는데 이러한 행동으로 미루어 군중의 솔직성과 재판에 대한 유치한 관념을 훤히 알 수 있을 것이다. 피고인이 너무 많았기 때문에 우선 귀족, 성직자, 관리, 왕족들, 한마디로 '선량한 애국자들의 눈'으로 즉각 유죄라는 것을 알 수 있는 직위의 사람들은 무더기 처형키로 결정되었으며 일일이 개별적 판결을 내릴 필요가 없었다.

나머지는 개인적 외모와 명성으로 판결이 진행되었다. 이러한 식으로 군중들의 원시적인 양심이 충족될 수 있었던 것이다. 그리하여 합법적으로 학살이 집행될 수 있었고, 이미 그 기원에 대해 언급한 바와 같이 집단에서 고도로 발달되는 잔인한 본능이 자유자재로 발휘될 수 있었던 것이다. 그러나 군중의 경우 항상 그렇듯이 이러한 본능은 이의(異議)를 막지는 않기 때문에 자애심 같은 대립적 감정의 표현이 극단적으로 노출될 경우가 있다.

그들은 파리 출신 노동자다운 너그러운 동정심과 예민한 감수성을 가지고 있었다. 아베이의 육군감옥에서는 한 군중이 옥중의 죄수들이 26시간 동안이나 물을 얻어먹지 못했다는 말을 듣고 즉시 죽이려 했지만 죄수들이 사정하는 바람에 참고 말았다.

한 죄수에게 ― 즉석 재판에 의해 ― 무죄가 선고되자 감시인이고 학살자고 할 것 없이 모든 사람들이 기쁨에 넘쳐 그를 포옹하고 미친 듯 박수가 터져 나왔다. 이윽고 대학살은 다시 시작되었다. 그렇게 진행하면서도 희열의 순간은 계속 이어졌다. 그들은 시체 옆에서 춤추고 노래했으며 귀족들의 처형 광경을 즐겼다.

재판의 특이한 장면을 인용해보기로 한다.

아베이에서는 한 학살자가 부인들의 자리가 좀 떨어져 있어 잘 볼 수가 없고, 귀족을 처형할 기회가 몇 사람에게만 돌아간다고 불평하자, 공평하게 볼 수 있는 방안이 채택되어 피집행자는 학살 집행자들이 두 줄로 도열한 사이로 천천히 끌려 나가되 숨이 넘어갈 때까지 가급적 고통이 오래가도록 칼날 뒤쪽으로 내리치게끔 절차가 바뀌었다. 드라포르세 감옥에서는 피형자는 벌거벗은 채 반 시간 동안 '문자 그대로' 살을 벗겨낸 다음 두루 구경시키고 창자가 터져 나오는 일격으로 끝이 났다.

학살자들 가운데 양심적으로 주저하는 경우도 있었는데 그것은 이미 지적한 바 있는 군중의 마음속에 도사린 도덕의식의 발로인 것이다. 그들은 희생자의 돈이나 보석을 챙기지 않았으며 그것을 위원회의 테이블에 내놓았다.

군중의 특성이라 할 수 있는 이런 유치한 형태의 분별력은 그들의 어느 행동에서나 찾아볼 수가 있다. 이렇게 해서 1200명 내지 1500명을 학살한 다음 누군가의 제안을 받아들여 늙은 거지와 부상자들 및 청소년들이 들어 있는 사실상 무위도식하는, 따라서 없어져야 마땅한 인간들이 갇혀 있는 다른 감옥을 쳐들어가게 되었다. 또 실제로 그 감옥에는 인민의 적이 분명한 드라뤼라는 과부가 있었는데 독살범인 이 과부는 '투옥된 것을 분통해할 것이 틀림없다. 그녀는 석방되면 파리에 불을 지를 여자이며, 그러한 말을 했을 것이 분명하고 또 그렇게 말했을 것이다. 그러니 이 여자도 역시 처치하는 것이 옳다'는 주장이 나온 것이다. 설명이 그럴싸하게 들렸고 죄수들은 남김없이 학살을 당했는데 그중에는 열

두 살에서 열일곱 살까지의 소년들도 끼어 있었다. 이들 역시 자라면 국가의 적이 될 것이 뻔하므로 처치되어야 했다.

일주일 만에 이 일이 끝나게 되자 학살자들은 비로소 제정신이 들게 되었다. 나라에 큰 공을 세웠다고 확신한 이들은 당국을 찾아가 보상을 요구했다. 열성분자는 상패를 달라고까지 요구했다.

1871년 파리코뮌의 역사도 몇 가지 이와 유사한 사건이었다. 군중의 영향력이 날로 커지고 권력자가 이들에게 굴복하는 일이 비일비재하고 보면 앞으로도 우리는 이와 유사한 성격의 사건을 많이 목격하게 될 것이다.

신분집단의 심리

각종 배심원을 여기에서 모두 다룰 수는 없으므로 그중에서 가장 중요한 순회재판소의 배심원에 관해서만 고찰하기로 한다. 이러한 배심원들은 비익명적 이질군중의 좋은 표본이 된다. 이러한 배심원들은 암시력을 갖고 있으며 군중지도자의 영향을 받기 쉽고 주로 무의식적 감정에 의해 좌우되는 수가 많지만 약간의 합리적 사고 능력을 소유하고 있다. 이들에 대한 고찰이 진행되는 동안 군중의 심리에 대해 정통하지 못한 사람들이 범하기 쉬운 오류의 흥미 있는 사례들을 접하게 될 것이다. 이들이 내리는 판결에 국한시켜 생각하는 한, 배심원은 무엇보다도 상이한 구성분자의 지적 수준이 별로 중요하지 않다는 것을 보여주는 군중의 좋은 예라 할 수 있을 것이다.

아주 전문적인 성격의 문제가 아닌 의제를 놓고 심의회가 열렸을 경우 참가자의 지적인 기준은 전혀 관계가 없다는 것을 이미 밝힌 적이 있다.

예를 들어 과학자나 예술가들이 모여 일반적인 의제를 토의
한다 할 때, 이들이 단지 회합에 함께 모였다는 사실 그 자체 하나
때문에 석공이나 잡화상인들의 모임과는 감각적으로 다른 어떤
결론을 얻어내지는 못하는 것이다.

어느 시대나 볼 수 있지만 특히 1848년 혁명 이전에는 프랑스
행정당국이 신중하게 사람을 골라 배심원단을 구성했기 때문에
대학교수, 관리, 문사 등 지식계급에서 배심원을 선발했다. 오늘
날은 소상인, 소자본가, 고용자들이 배심원의 대중을 이룬다. 그
러나 배심원이 어떤 식으로 구성되건 판결은 동일하다는 사실에
전문가들도 놀라고 있다.

배심원 제도와는 대립적 입장에 있는 사법관들까지도 이들의
주장이 정확하다는 것을 어쩔 수 없이 인정하고 있다. 순회재판소
의 소장을 지낸 베라르 데 글라즈(Berardes Glajeux)는 그의 『회고
록』에서 이 문제에 대해 다음과 같이 언급하고 있다.

오늘날 배심원의 선정은 사실상 시참사원(市參事員)들이 장악하고
있다. 이들은 자기들의 사정과 연관된 정치 또는 선거상의 고려에
따라 배심원을 넣기도 하고 빼기도 한다…… 선정된 배심원의 대부
분은 장사하는 사람들이고 과거보다 인품이 떨어지며 심지어 행정
부 어떤 부서의 공무원일 때도 있다. ……일단 판결의 역할에 들어
가게 되면 평소의 자신이나 직업은 별반 문제되지가 않는다. 대개의
배심원들은 신참자의 열성을 보이고 최선을 다하려는 사람들의 의
지가 겸손한 분위기 속에서 발로되기 때문에 배심원의 정신은 전과

다른 것이 없으며 평결의 내용 또한 한결같다.

이상에서 인용된 구절의 결론은 정확한 것으로 기억해둘 필요가 있으나 결론에 이르는 설명은 엉성하기 때문에 눈여겨둘 필요가 없고, 그렇게 엉성하다고 놀랄 필요까지는 없다. 왜냐하면 사법관들과 마찬가지로 변호사도 대체로 군중심리에 대해 어둡고 따라서 배심원의 심리를 잘 모르기 때문이다. 나의 판단이 옳다는 것은 인용한 그 글에서도 나타나 있다. 그는 순회재판소에 널리 알려진 라쇼라는 변호사가 배심원 전원이 유식한 사람으로 구성되어 있을 때는 한 배심원에게 항변할 수 있는 권리를 조직적으로 활용했음을 밝히고 있다. 그러나 경험에 의하면 ─ 오직 경험일 뿐이지만 ─ 그러한 항변은 전혀 먹혀들지가 않았다.

이것은 오늘날에도 검사와 변호사 ─ 적어도 파리변호사회에 소속되어 있는 한 ─ 가 배심원에게 항변할 권리를 포기했음에도 불구하고, 배심원의 평결은 여일하고 "좋아진 것도 나빠진 것도 없다"는 글라즈의 말이 실증해주고 있다.

다른 군중과 마찬가지로 배심원들도 무의식적 관념의 영향을 많이 받지, 논증에 좌우되는 경우가 드물다. 한 변호사는 "배심원은 어린애에게 젖을 물리는 피고와 고아는 차마 못 본다"고 쓴 적이 있는가 하면, 글라즈는 "배심원의 호감을 얻어내자면 여자는 얼굴이 잘생기면 족하다"고 말한다.

배심원은 자신들도 언젠가는 희생자가 될 지도 모르는 그러한 범죄 ─ 사회적으로도 아주 위험한 범죄 ─ 에 대해서는 가혹하고,

반대로 법에 저촉되기는 하나 동기가 울화에서 온 것일 때는 한없이 관대하다. 젖먹이를 죽인 미혼모나, 처녀성을 뺏기고 나서 자기를 차버린 남자에게 초산을 퍼부은 젊은 여자에 대해서 엄한 판결을 내린 일이 거의 없다. 그러한 범죄로 사회가 피해를 입을 가능성은 극히 적고 버림받은 처녀를 보호하는 법률이 없는 나라에서는 자신이 복수한 처녀의 범죄는 도리어 장래의 유혹자를 경계하는 의미에서 효과적이기 때문에 유해하다기보다는 유익하다고 본능적으로 느끼기 때문이다. *

일반 군중이나 마찬가지로 배심원들도 위광의 영향을 크게 받으며 글라즈 소장이 적절히 지적했듯이 배심원이 구성될 때는 지극히 평민적이지만, 좋아하고 혐오하는 면에서는 대단히 귀족

* 이야기가 나온 김에 한마디 덧붙이자면 사회적으로 위험한 것과 그렇지 않는 것에 대한 분류는 배심원들이 본능적으로 행한 것이긴 해도 결코 부당한 것이 아니다. 형법의 목적은 위험한 범죄로부터 사회를 보호하는 데 있는 것이지 범죄에 대해 보복하려는 것이 아니다. 반면에 프랑스의 법전, 특히 프랑스 사법관의 심리는 옛날 원시법의 보복정신에 깊이 감염되어 있으며 지금도 기소(vindicte)라는 말(라틴어의 복수 vindicta에서 유래됨)을 일상용어로 사용하고 있다. 사법관들의 그러한 경향은 재범을 하지 않으면 형을 집행하지 않을 수 있도록 마련된 배랑제법을 적용하지 않으려 드는 데서도 잘 나타나고 있다. 초범자에 대한 처벌은 반드시 그로 하여금 재범에 들어가게 한다는 사실을 사법관들이 모를 리 없겠지만 통계로도 잘 증명되고 있다. 판사들은 유죄판결이 내려진 자를 석방할 때는 사회가 복수를 하지 못한 양 생각하는 버릇이 있다. 이리하여 복수를 하는 것이 아니라 위험한 확신범을 만드는 쪽을 곧잘 택하게 된다.

적이다.

명성, 가문, 재산, 관록, 유명한 변호사의 동원, 무언가 탁월하거나 피고인을 돋보이게 하는 것은 피고에게 유리하게 작용한다.

훌륭한 변호사의 중요 관심은 배심원의 감화에 있어야 하며 군중에 대해서와 마찬가지로 가급적이면 이론을 피하고 가급적 소박한 형태의 논리를 동원해야 한다. 순회재판소에서 크게 성공하여 이름을 날린 영국 변호사는 변호사의 행동 지침을 다음과 같이 제시하고 있다.

변호사는 변호를 할 때 배심원석을 유심히 관찰해야만 한다. 통찰력과 경험으로 자신의 이야기가 어떤 반응을 일으키는지 배심원의 얼굴 표정을 읽어낸 다음 결론을 내려야 한다. 제1단계는 배심원 중에 누가 자기 주장에 호감을 갖고 있는지 확인하는 일이다. 호의적인 배심원의 명확한 지지를 얻어내는 것은 간단하다. 그 일이 되었으면 이번에는 반대로 냉담한 태도를 보이는 배심원에게 눈을 돌려 그가 왜 피고에게 적대적인지 알아내야 한다. 이것이 변호사의 임무에서 아주 까다로운 부분이라 할 수 있다. 왜냐하면 인간을 응징하는 데는 정의에 대한 견해 이외에도 많은 다른 이유가 개재하기 때문이다.

간단하지만 변론술의 전체적 메커니즘이 잘 요약되어 있으며 여기에서 왜 미리 준비된 웅변이 별로 효과를 발휘하지 못하는지를 알 수 있는 것이다. 웅변이나 변론은 그때그때 반응에 따라 순간순간 내용이 조정되어 가야 하는 것이다.

변론자는 배심원 전원을 자기 의견에 따라오도록 설복시킬 필요는 없다. 그들 가운데 전반적 의견을 결정하는 핵심 인물만 설복시키면 된다. 군중의 경우에서와 마찬가지로 배심원 가운데서도 리더십을 장악한 소수가 있다. 위에서 인용한 영국 변호사는 "경험에 비추어보면 한두 사람의 열성적인 배심원이 충분히 주도권을 장악할 수가 있다"고 말하고 있다.

기술적인 설득으로 승복시켜야 할 필요성이 있는 사람은 바로 이 두세 사람인 것이다. 우선적으로, 그리고 누구보다도 이 사람을 구슬릴 필요가 있다.

만약 군중을 형성하고 있는 한 사람이 호의적인 반응을 보이게 되었다면 그 사람은 설득될 수 있는 상태에 있다고 볼 수 있는 것이며, 그에게 제시되는 주장은 훌륭한 것으로 받아들여지기 십상이다. 앞서도 언급한 바 있는 변호사 라쇼에 관한 다음과 같은 일화를 옮겨본다.

라쇼는 순회재판소에서 변론할 때는 영향력이 있다는 것을 알고 있거나 짐작이 되는, 그러나 완고한 두세 명의 배심원에 대해 항상 신경을 쓰고 있었다는 것은 세상이 다 아는 일이다. 그는 대체로 이러한 다루기 힘든 배심원들을 설복시키는 데 성공했다. 그러나 어느 때인가 지방에서 변론을 하게 되었는데 45분간이나 온갖 변설로 열변을 토해도 전혀 통하지 않는 배심원 한 사람을 만나게 되었다. 그 사람은 두 번째 줄의 첫 번째 자리에 앉은 7번 배심원이었다. 사건은 절망적 상태가 아닌가 생각되었다. 이때 갑자기 그는 열띤 변론을 중단하고, 재판장석을 향해 "저 앞쪽의 커튼을 내리도록 지시하실 수 없을까요? 7번석 배심원께서 햇빛 때문에 눈을 뜨시기가 곤란한 것 같습니다"라고 말했다. 문제의 배심원은 낯을 붉히고 나면서 미소와 함께 감사의 뜻을 표했고 라쇼 변호사는 그를 끌어들이는 데 성공했다.

많은 기자들은 — 그들 중에는 유명한 사람도 끼어 있다 — 전혀 통제를 받지 않는 배심원의 신분(사법관)이 정말 너무나도 빈번히 저질러지는 오류에 대한 유일한 방파제가 되어주고 있는데도, 이 제도에 반대하는 강력한 캠페인을 전개하고 있다.*

---

* 사법관은 사실상 누구의 감독을 받지 않는 유일한 행정관이다. 온갖 혁명을 겪었지만 민주 프랑스는 영국이 자랑하는 '인신보호령'을 갖고 있지 못하고 있다. 우리는 모든 폭군을 추방했다. 그러나 우리는 마음대로 시민의 명예와 자유를 간섭할 수 있는 사법관 제도를 모든 도시에 설치했다.

대학을 갓 나온 풋내기 예심판사는 가장 높은 지위에 있는 사람까지도 혐의라는 단순한 근거로 마음대로 검거하고 투옥할 수 있는 엄청난 권한을 가지고 있으며, 누구에게도 자신의 행위가 정당하다는 것을 증명할 의무가 없다. 조사를 한다는 구실로 이러한 사람을 6개월이고 1년이고 감옥에 넣어둘 수가 있는가 하면 한 푼의 배상이나 한마디의 사과도 없이 석방시킨다. 프랑스의 체포영장이라는 것은 군주시대에 사용되어 원성이 자자했던 봉인명령서(Lettre de cachet) 바로 그것이라 하겠는데, 후자가 지위가 높은 사람에게만 발부될 수 있음에 반해, 지금의 체포영장은 도저히 지식

일부 기자들은 배심원을 지식층에서 선발해야 한다고 주장하지만 이미 보았듯이 그렇게 해서 내려진 판결이라고 해서 현재의 제도에서 내려진 것과 달라지지는 않을 것이다. 또 다른 일부 기자들은 배심원들의 오류에 초점을 두고 배심원을 없애고 판사로 대체시키라는 주장을 내세우기도 한다. 그러나 이들 자칭 개혁가들은 배심원이 범할 수 있는 오류라면 우선 판사가 범할 수 있는 오류라는 것을 어떻게 잊고 있는지 이해하기가 어렵다. 또한 피고가 배심원들 앞에 불려오기까지는 몇 사람의 사법관과 예심판사, 검사, 기소조정재판소(Court of Arraignmene) 등에서 유죄가 인정된 다음인 것이다. 따라서 배심원 대신 사법관이 최종판결을 내려버린다면 피고에게는 무죄가 인정될 수 있는 유일한 기회가 상실된다는 것이 명백해진다.

배심원이 범할 수 있는 오류라 하는 것은 언제나 사법관이 먼저 범하는 그러한 오류였다. 그렇게 되면 중대한 재판상의 오류가 발생했을 경우 비난을 받아야 할 사람은 사법관뿐이라는 이야기가 된다. 최근 L 박사에 대한 기소사건이 좋은 예가 될 것이다. 어처구니없이 어리석은 한 예심판사는 박사에게 30프랑을 주고 불법 수술을 받았다는 백치에 가까운 한 저능아 소녀의 고발을 토대로 기소처분을 내렸다. 하마터면 박사는 감옥에 갈 뻔했으나 격분한 여론이 폭발하는 바람에 국가원수의 특명으로 풀려날 수 있었

이 높다거나 독자적 판단력이 있다고 볼 수 없는 모든 시민계층에게 발부된다는 점이 다를 뿐이다.

다. 평소에 박사를 잘 아는 시민들이 박사의 인품을 존경할 수 있는 것으로 주장, 실수의 우둔함이 자명하게 드러날 수 있었다. 사법관들도 그것을 인정하고 있었지만 같은 신분이라는 고려에서 시민들의 청원서 날인을 갖가지 수단으로 방해했다.

이와 유사한 모든 사건에서 배심원들은 잘 알기가 힘든 기술적 세부 사항에 직면하게 되므로 이 사건은 복잡한 문제를 해결하는 데 능숙한 사법관들이 이미 심의한 바 있다고 주장하는 검사의 설득에 귀를 기울이게 된다. 그렇다면 오류의 장본인은 누가 될까? 배심원인가? 사법관인가?

우리는 단연코 배심원제도를 지지한다. 배심원이야말로 어떤 개인으로도 대체될 수 없는 군중을 형성한다. 배심원은 만민에 대해 절대로 평등하기 때문에 개개인의 특수한 사정을 일일이 배려할 수 없는 그러한 경직성을 유일하게 완화시킨다.

판사는 동정을 모르고 법률 조문 이외에는 눈을 돌리지 않기 때문에 살인죄를 범한 강도나, 능욕당하고 가난에 시달리고 버림받은 나머지 소녀가 젖먹이를 살해한 것이나 똑같은 죄로 본다. 반면에 배심원은 본능적으로 소녀의 죄가 법적으로 저촉이 안 되는 능욕자의 죄보다는 가볍다고 생각하며 그녀는 무슨 방법으로라도 관용되어야 한다고 믿는다.

나는 신분집단의 심리학과 기타 다양한 군중의 심리를 잘 알기 때문에 부당한 기소를 당할 경우 배심원의 심판을 받지, 단 한 건이라도 사법관의 심판을 받을 생각은 없다. 배심원들은 무죄판결을 내릴 가능성이 있지만 사법관의 경우 그러한 가능성은 전무하기 때문이다. 군중의 힘을 두려워해야 하지만 어떤 신분집단의 힘을 더욱 두려워해야 한다. 군중은 확신에 의해 움직여지는 수가 있으나 신분집단은 결코 그런 일이 없다.

선거군중은 어떻게 움직이는가

선거군중이라 함은 어떤 직능 보유자를 선출할 수 있는 힘을 가진 집합체를 말하는 것으로 흔히 이질군중을 형성한다. 그러나 이들의 행위는 여러 후보 가운데서 선출하는 한 가지 기능에 국한되어있기 때문에 군중의 특성이 약간만 나타날 뿐이다. 군중의 특성 가운데서 이들은 합리적 사고에 대한 약간의 가능성을 드러내고 비판정신과 격정성, 경신성(輕信性)과 소박성은 결여된다. 더구나 선거군중은 결정의 순간 군중지도자의 영향을 크게 받고 확인, 반복, 위장, 감염 등 앞서 설명한 요인에 많이 작용한다.

선거군중을 설득하는 데는 어떤 방법이 있나 알아보자.

가장 성공적인 방법을 동원하여 그들의 심리를 쉽게 추론할 수가 있다. 후보자가 위엄이 있어야 한다는 것은 기본 조건이며 개인적 위엄만이 부의 기력을 꺾을 수가 있다. 재능(Talent)이나 천재성도 중요한 성공 요건은 되지 못한다. 반면 가장 핵심적인 것은 후보자가 위엄을 구비해야 하고 그러한 위엄을 반발 없이 선거민에게 발휘할 수 있어야 한다.

선거민의 대중을 이루는 노동자와 농민들이 그들 계층에서 대표자들을 선출하지 못하는 이유는 이들이 위엄을 갖추지 못하고 있기 때문이다. 우연히 같은 계층의 사람이 대표로 선출되었다면 어떤 저명한 인사를 탈락시키기 위한 부차적 이유에서 발생했거나 선거인들이 매일 의존하고 있는 노동자 고용주가 선출됨으로써 노동자들이 순간적이나마 주인이 된 듯한 환상에 빠지게 되는 데서 야기되는 현상에 불과하다.

그러나 위엄을 갖추었다 해서 후보자가 반드시 성공하는 것은 아니다. 선거인들은 탐욕과 허영심의 충족에 대한 집착이 강하다. 후보자는 과장된 감언이설에 능숙해야 하고 선거인들에게 거침없이 환상적 약속을 내놓아야 한다.

만약 후보자가 노동자라면 고용주를 지나치게 욕하거나 규탄할 수는 없을 것이다. 경쟁 후보자는 단언, 반복, 감염을 통해 상대가 터무니없는 건달이라는 것을, 그가 범죄인이라는 것을 세상 사람이 다 알도록 만들어야 한다. 어떤 실증 같은 것에 신경을 쓸 필요는 전혀 없다. 상대가 군중심리학에 전혀 어둡다면 그는 하나하나 확인 반복을 하지 않고 논증적 반박을 하려 들 것이며 결국 성공하지 못하게 될 것이다.

후보자의 인쇄된 공약은 경쟁자로부터 반격을 받을 우려가 있기 때문에 지나친 과장은 금물이지만 말로 하는 공약은 남발해도 무방하다. 중요한 개혁이 주저 없이 공약되어야 한다. 이러한 공약이 남발되는 순간 효과는 대단하면서도 장래의 구속을 받지 않는다. 유권자들은 선거공약에 갈채를 보냈고, 그 덕으로 당선되었지만 자신들이 선출한 후보가 공약을 어느 정도 지키는지 신경을 쓰지는 않는다.

앞에서 설명한 설득의 요인들은 납득이 갈 것이다. 우리는 다시 언어와 표어의 마력에 대해 강조한 바 있는데 이 문제를 다시 한번 다루기로 한다. 그러한 설득수단을 사용할 줄 아는 연사는 마음대로 군중을 조정한다. 예컨대 추잡한 자본이라든가, 부도덕한 착취자, 부의 사회화 등등은 이미 좀 낡은 감이 있지만 아직도 효과는 있다. 그러나 가급적이면 막연한 의미의 새로운 표어, 다양한 열망에 부합되는 용어를 발견하는 후보는 틀림없이 성공한다.

1873년의 잔인한 스페인 혁명은 누구나 자기 나름대로 해석할 수 있는 애매한 표어의 마력이 야기시킨 것이었다. 당시의 한 작가는 이 표어가 유행하기 시작한 경위를 특유하게 쓰고 있는데 인용할 만하지 않나 생각된다.

급진주의자들은 중앙집권의 공화제가 위장된 군주제에 불과하다는 것을 발견했고, 국회(Cortes)는 그들의 비위를 맞추기 위해 만장일치로 '연방공화국'을 선언했다. 물론 연방공화국에 찬성한 사람이라도 그들이 무엇 때문에 투표했는지 설명할 수 있는 사람은 단 한 명도 없었다. 그러나 연방공화국이라는 표어는 누구에게나 흡족했고 취한 듯 기뻐했다. 미덕과 행복의 성대가 지상에 도래한 듯했다. 공화당원들은 반대파들이 진정한 공화주의자가 아니라고 말하면 몹시 모욕을 느꼈다. 사람들은 거리에서 만나면 '연방공화국 만세'로 인사를 나누었다. 연방공화국은 군대의 규율이 없는 것, 군대의 자율성을 신비로운 미덕으로 찬미하게 되었다. '연방공화국'이란 무엇인가? 어떤 사람은 지방주의 해방을 말하는 것으로 미국의 제도와 유사한 것으로 해석했고 행정적 지방분권을 의미하는 것으로 해석했다. 또 어떤 사람은 모든 권력의 폐기와 대대적인 사회 숙정의 급격한 실현을 말하는 것으로 받아들였다. 바르셀로나와 안달루시아의 사회주의자들은 코뮌의 절대권을 옹호했고 스페인에 1만 개의 독립적 도시행정권을 인정, 입법권을 부여하도록 제안했으며 경찰과 군대의 폐지를 요구했다. 남부의 주에서는 폭동이 일어나 읍에서 읍으로, 마을에서 마을로 번져갔다. 마드리드와 인접 지역 간의 통신을 차단하기 위해 우선 전신선과 철도를 파괴하라는 것이 어떤 마을의 '선언'으로 발표되었다. 벽지의 마을까지도 독립할 결심이 되어 있었다. 이리하여 연방주의는 지방분권주의에 양보하게 되었고 대량 학살, 방화와 선동, 온갖 잔학 행위, 피의 잔치가 전국 구석구석에서 벌어지게 되었다.

어떤 논증으로 선거인의 심리에 영향을 줄 수 있지 않을까 조금이라도 미련을 갖고 있다면 그것은 선거집회의 보고서를 전혀 읽어보지 못했기 때문이다. 그러한 모임에서는 단언이나 욕설, 때로는 구타까지 교환되는 수가 있을 뿐 논리가 통하지 않는다. 잠시라도 소란이 그치는 순간이 있다면 그것은 '단골 건달'로 알려진 자가 나와 청중들이 좋아하기 마련인 입장 난처한 질문으로 후보자를 골려주자고 제안했기 때문일 것이다. 그러나 반대당의 만족도 순간일 뿐 여기저기서 터져 나오는 상대측의 소란으로 그의 목소리는 맥을 추지 못하게 된다.

공공집회에 관한 다음의 기사는 많은 비슷한 것 중에서 고른 것인데 전형적인 예가 되는 것 같다.

회의 조직자의 한 사람이 의장을 선출하도록 요구하자 소란이 일어났다. 무정부주의자들은 연단 위에 뛰어올라 간부위원들의 탁자를 덮쳤다. 사회주의자들은 이를 막으려 안간힘이었다. 주먹질이 오고 갔고 정당마다 상대방을 정부에서 돈을 받은 스파이라고 몰아세웠다. 한 시민은 눈에 멍이 든 채 회의장을 빠져나갔다.

가까스로 간부위원이 소란 중에 임명되어 발언권이 'X 동지'에게 주어졌다.

이 연사가 사회주의자들을 맹렬히 규탄하자, 바보! 건달! 악당! 등등의 야유로 연설을 방해했고 이러한 경멸에 대해 'X 동지'는 사회주의자야말로 '천치'요 '사기꾼'이라고 응수했다.

알레망당은 5월 1일의 노동절 예비모임으로 어젯밤 포부르 뒤 탕플에 있는 상공회의소 홀에서 집회를 열었다. 집회의 구호는 '평온'과 '평화!'였다.

'G동지'는 사회주의자를 '바보', '사기꾼'이라 퍼부어댔다.

이런 말이 나오자 독설과 욕설이 난무했고 연사와 청중 간에 주먹질이 오고갔으며 의자, 책상, 벤치 등이 무기로 동원되었다.

이와 같은 토론 현장이 선거인이라는 특유한 계급이나 그들의 사회적 지위에서 야기되는 것이라 생각할 필요는 전혀 없을 것이다. 어떤 집회에서건, 고도의 교육을 받은 사람으로만 구성된 경우라도 만장일치의 회의에선 똑같은 사태가 발생한다. 이미 밝힌 바와 같이 인간이 군중이 되면 지적 평준화 현상이 일어나는데 그러한 실증은 어디에서나 발견된다.

예를 들어 순전히 학생들의 집회에 관한 다음과 같은 기사를 1895년 2월 13일 자 ≪르탐(Le Tomps)≫지에서 발췌해본다.

밤이 되자 소란은 더욱 치열해갔다. 어떤 학생도 중단 없이 두 마디를 제대로 이어가지 못한 것 같았다. 여기저기서 고함이 터져 나왔고 이런 고함이 한꺼번에 튀어나오는 경우도 있었다. 박수와 야유가 뒤섞이고 청중들끼리의 논쟁이 벌어지는가 하면 각목들을 위협적으로 휘두르고, 어떤 자는 발로 마루를 굴러대고 "집어치워라", "계속하라"는 고함이 말문이 막힌 연사에게 쏟아졌다.

학생 C 군은 자신이 파괴하겠다고 선언한 협회에 대해 가증스럽게 비겁하며 기괴하고 추악하며 부패하고 복수심에 차 있다고 비난했다.

그러한 상황 아래서 선거인들이 어떻게 의견을 모을 수 있겠는지 묻고 싶을 것이다. 그러한 질문을 하는 사람은 선거인만이 향유하는 자유의 폭에 대해 착각을 하고 있기 때문이다. 군중은 강요된 의견을 가지고 있을 뿐 스스로 마련한 의견을 의연하게 내놓은 적이 없다.

이 경우, 선거인의 여론과 투표는 선거위원의 수중에 장악되며 이들의 지배권은 대체로 노동자들에게 외상을 주어 막강한 힘을 발휘하는 선술집의 주인과도 흡사하다.

현대 민주주의의 뛰어난 챔피언 가운데 한 사람이라 할 수 있는 쉐레(Scherer)는 '선거위원이라는 것이 어떤 것인지 아는가? 그것은 민주주의의 초석이며 정치기계의 걸작이다. 지금의 프랑스는 선거위원에 지배되고 있다'고 쓴 적이 있다.*

그들에게 영향력을 발휘한다는 것은 후보자가 적절한 재산을 갖고 있거나 마련할 수 있을 경우 결코 어려운 일이 아니다. 재산 기부자들이 인정하는 바에 의하면 불랑제 장군이 연속 당선되는 데는 300만 프랑이면 족하다는 것이다. 그것이 선거군중의 심리인 것이다. 다른 군중의 경우도 마찬가지이며 더 좋지도 나쁘지도 않다.

---

* 간부위원은 그 명칭이 클럽이건 조합이건─군중심리에서 야기될 수 있는 가공할 만한 위험을 조성한다. 이들은 실제로 가장 비인격체적(unpersonal)이며 따라서 가장 억압적인 폭군이다. 집단의 이름으로 말하고 행동하는 선거위원회의 지도층은 어떠한 책임도 지지 않으며 마음대로 정당성을 선택한다. 가장 야만적인 폭군이라도 프랑스혁명의 간부위원이 포고한 것과 같은 명령은 감히 꿈꾸지 않았었다. 바르라(Barres)는 마음대로 의원들을 체포하여 국민공회를 해체시켰다고 밝힌 적이 있다. 간부위원의 이름을 비는 한 로베스피에르는 권력을 마음대로 휘두를 수가 있었다. 이 무서운 독재자는 개인적 체면으로 간부위원회와 떨어지는 순간 권력을 잃게 되었다. 군중의 지배는 곧 군중의 지도인 위원회의 지배가 된다. 그 이상의 가혹한 전제는 상상하기 어려운 것이다.

따라서 보통선거는 이러한 것과 어떻게 다른지에 대해 결론을 내리지 않을 생각이다. 만약 내가 보통선거의 운명을 결정해야 된다면 군중심리의 연구에서 추론된 현실적 이유에서 그것이 보존되어야 할 것이 아닌가 생각된다. 이러한 점과 관련, 몇 마디 부연할 생각이다.

보통선거의 약점은 어느 누구나 알 수 있을 만큼 명명백백하다.

문명이라는 것은 우수한 소수 지식인들이 창조하는 것으로, 이들이 피라미드의 정상을 차지하며 밑으로 내려갈수록 지식수준이 낮아지는 국민대중이 차지한다는 것은 누구도 부인 못할 것이다. 따라서 문명의 위대성은 오직 수의 힘만을 자랑하는 열등분자들의 투표로 이루어지는 것은 결코 아니다. 또한 군중에 의해 기록되는 투표가 아주 위험할 수도 있다는 것은 의심할 여지가 없는 것이다. 이미 그러한 투표가 우리를 몇 차례나 침해했고 사회주의자들이 벼르고 있는 승리를 고려할 때 앞으로도 국민 주권의 변덕이 우리에게 희생을 요구할 가능성은 얼마든지 있다.

보통선거에 대한 이와 같은 반대가 이론상 아무리 뛰어난 것이라 해도 사상이 도그마로 변할 때 엄청난 힘을 발휘한다는 사실을 염두에 두면 즉각 알 수 있듯이 현실적으로는 무가치한 것이다.

군중의 주권이라는 도그마는 철학적 관점에서는 전혀 옹호할 만한 것이 못되지만 중세의 종교적 도그마들이 그랬듯이 현재 절대적인 파워를 행사하고 있다.

우리가 과거 종교사상을 공격할 수 없었듯이 군중의 주권을 공격할 수가 없게 되어 있다. 현대의 자유사상가가 기적적으로 중세시대에 떠밀려 들어갔다고 생각해보자. 당시 막강한 힘을 발휘했던 종교사상의 지배권을 확인하고도 자유사상가가 이것을 공격할 생각이 날 수 있을 것이라 믿겠는가? 악마와 계약을 맺었다거나 악마의 연회에 참석했다는 죄명으로 화형 기둥에 묶일 텐데 악마와 연회의 존재를 따질 수 있겠는가? 군중의 신념을 따지는 것은 폭풍에 저항하는 것과 같은 어리석은 일에 지나지 않는다.

오늘날 보통선거의 도그마가 갖는 파워는 지난날 기독교의 도그마가 가졌던 파워를 갖고 있다. 연설가나 문사들은 루이 14세도 맛보지 못한 존경과 아첨으로 보통선거를 떠받들고 있다.

따라서 전날의 종교적 도그마에 대했던 것과 똑같은 자세로 보통선거권을 봐야 하는 것이다. 시간만이 무엇인가 행동을 취하게 될 것이다.

또한 보통선거의 도그마에 끌릴 만한 외관상의 이유가 있는 한 그것을 타파하려 드는 것은 무모한 일이다.

토크빌은 이를 올바로 지적했다.

평등의 시대에서는 인간이 너나없이 똑같기 때문에 서로 신뢰하지를 않는다. 바로 이 같은 동질성이 일반 여론의 판단에 무한한 신뢰성을 부여하게 된다. 왜냐하면 모든 사람이 비슷하게 깨우쳐져 있어 진리와 다수는 일치하지 않을 수가 없기 때문이다.

제한선거 ─ 바람직하다면 유식자에게만 선거권을 부여하는 제도 ─ 로 군중선거를 개선할 수 있을 것인가? 그럴 가능성은 없다고 본다. 이유는 앞서 이야기했듯이 어떤 형태로 구성되건 집단은 지적 열등성을 드러내기 때문이다.

사람이 군중이 되면 평준화되는 경향이 있고 일반적인 문제에 관한 투표는 40명의 학자들이 할 때나, 40명의 물장수들이 할 때나 마찬가지 결과가 나온다. 보통선거에 대한 비난의 근거가 되고 있는 어떤 선거도 —예를 들어 나폴레옹 3세의 제정 부활— 가령 유식한 자유교육을 받은 사람들만이 참가했다 해서 다른 결과를 가져왔을 것으로 믿지는 않는다.

그것은 그리스어나 수학에 정통하다거나 건축가, 수의사, 의사, 변호사라고 해서 사회적인 문제에 깊은 통찰력을 갖는다고 볼 수는 없기 때문이다.

우리의 경제학자들은 고도의 교육을 받았고 대부분이 교수나 학자들이지만 한 가지 일반적 문제 — 보호주의 통화복본위제(通貨複本位制) 등등 — 에도 합의를 얻지 못하고 있다. 그 이유는 그들의 학문이라는 것이 우리들 보편적인 무지의 아주 약화된 형식에 지나지 않기 때문이다.

사회문제에 관한 한 모두가 모르는 것이 너무 많기 때문에 인간이란 실제에 있어서 평등하게 무지하다고 볼 수 있는 것이다.

따라서 선거인단이 학식 있는 사람만으로 구성된다 해도 투표의 결과는 지금의 제도보다 개선되지는 않을 것이며, 그들 역시 주로 감정과 당파심에 지배될 것이다. 우리가 오늘날 겪고 있는 곤란이 제거되지는 않을 것이고 신분계층의 억압적 폭군에 억압받게 될 것이다.

군중의 선거권이 제한되어 있건 보편화되어 있건, 그것이 군주제에서 실시되건 공화제에서 실시되건, 프랑스에서 실시되건 그리스, 포르투갈, 스페인에서 실시되건 결과는 동일하며 한마디로 무의식적 열망과 민족적 욕구의 표현에 지나지 않는다.

어느 나라에서는 선출된 인사가 민족정신을 대표하기도 하지만 세대가 달라진다고 해서 의미 있는 변화가 생기지도 않을 것이다.

그러고 보니 우리가 몇 번이고 직면했었던 민족의 기본 개념에 또다시 부딪치게 되는데, 여기에서 알 수 있는 것은 민족에서 파생된 제도나 정부는 인간 생활에서 미미한 역할밖에 하지 못한다는 사실이다. 인간은 민족정신에 의해 지배되는데 그것은 전승된 잔기(殘基, residue)의 총체라 할 수 있다. 민족과 일상적인 욕구의 노예, 이것이야말로 우리의 운명을 지배하는 신비로운 대원천인 것이다.

의견이 단순한 의회군중

의회는 비익명적 이질집단의 예라 할 수 있다. 의원을 선출하는 방법은 시대에 따라 다르고, 나라에 따라 다르지만 아주 비슷한 성격을 드러낸다.

의회의 경우, 민족의 영향이 군중에 공통되는 성격을 약화시키거나 두드러지게 하는 것은 명백히 간파할 수 있지만 민족성의 군중적 성격의 노출을 막지는 못한다.

전혀 성격이 다른 그리스, 이탈리아, 포르투갈, 스페인, 미국의 의회도 토론이나 투표에서는 유사한 성격을 드러내며, 각기의 정부들도 비슷한 곤란에 처하게 된다.

그러나 의회제도는 현대의 문명화된 국민의 이상을 대표한다. 의회제도는 인간이 모이면 적은 수보다는 어떤 주제에 대해 보다 현명하고 독자적인 결정을 내릴 수 있다는, 심리학적으로는 오류이나 일반적으로는 인정되는 이념을 반영한다.

군중의 일반적 특징은 의회의 특징과 일치된다. 지적 단순성,

격분, 피암시성(被暗示性), 감정의 과잉, 소수 지도자에의 복종 등이 그것이다. 그러나 특수한 구성 때문에 의회군중은 약간은 다른 특징을 보이는데, 간단하게 설명할 작정이다.

의견의 단순성이 의회군중의 가장 중요한 성격의 하나라 하겠다. 어느 정당이나 마찬가지이지만 특히 라틴 국민의 경우 의회군중은 가장 복잡한 사회문제를 해결할 때 가장 단순한 추상적 원칙과 일반적 법칙을 모든 경우에 적용하려는 경향이 있다.

물론 정당마다 원칙은 다르지만 개별적 멤버들이 군중의 일원이라는 단순한 사실 때문에 이들은 자신들의 원칙을 과대평가하려 들고, 극단적으로까지 밀고 가려 한다. 이리하여 의회는 극단적인 의견의 특이한 대표기관이 된다. 의회 특유의 솔직한 단순성을 전형적으로 보여준 것이 프랑스혁명 때의 자코뱅당이다.

당원 모두가 철저하게 독단적이고 논리적이었으며 모호한 일반론으로 머리가 꽉 차 있었기 때문에 구체적인 사항을 고려함이 없이 고착된 원칙을 마구 적용하려는 경향을 보였다. 어떤 입증이 없이 혁명을 마구 밀고 나갔다는 자코뱅당에 대한 평가는 이유가 있다고 보아야 할 것이다. 혁명의 지침이 된 지극히 단순한 도그마로 사회를 꼭대기에서 밑바닥까지 재개편하고 고도로 정화된 문명을 사회진화의 초기 단계에 복귀시키게 된 것으로 믿었다. 그들이 자신들의 꿈을 실현하기 위해 동원한 방법은 절대주의의 천진성과 다를 것이 없었다. 그들은 오직 방해물을 파괴하는 데만 급급했을 뿐이다.

자코뱅은 물론 지롱드당, 산악당, 테르미도르당까지도 비슷한 정신에 사로잡혀 있었다.

의회군중은 암시에 민감하다. 일반 군중과 마찬가지로 그들의 암시도 위엄이 갖춰진 리더로부터 제시되지만 의회의 피암시성은 명확한 한계성이 있으며 이 점을 각별히 지적해 두고 싶다.

지방 또는 지역문제에 대해서 의원들은 고정된 불변의 의견을 갖고 있으며 어떤 논의로도 움직여지지 않는다.

데모스테네스(Demosthenes)와 같은 달변도 의원의 표를 변화시켜 보호관세나 양조장 허가를 마련하는 데는 무력하다. 이러한 문제는 선거인의 이해가 얽혀 있기 때문이다. 이런 유력한 선거인단으로부터 투사되는 암시는 투표시간에 다가서기 이전에 작동되어 다른 선거인단으로부터 오는 암시(제언)를 묵살시키고 절대적으로 고착된 기존의 의견을 유지시킨다.[*]

일반적인 문제 ― 내각불신임과 과세신설 등 ― 에 대해서는 고정된 의견이 없고 통상적인 군중의 경우보다는 못하지만 리더의 암시는 영향력을 발휘한다.

어느 정당이나 영향력이 비슷한 리더들이 있다. 그렇기 때문

---

* 오랜 경험을 한 어느 영국의원의 다음과 같은 성찰은 미리 고정되어 선거상의 필요 때문에 전혀 바뀔 수가 없는 의견에 더할 나위 없이 타당한 것이라고 보겠다.

"지난 50년 동안 의원 생활을 하면서 수천의 연설을 들어보았지만 그것을 듣고 나의 소신이 바뀐 적은 거의 없다. 더구나 나의 표가 달라진 적은 한 번도 없다."

에 의원들은 두 개의 반대되는 암시 사이에서 망설이게 되는 수가 많다. 의원이 이따금 15분 간격으로 대조적인 투표를 한다거나 어떤 법률에 부칙을 넣어 사실상 그것을 무효화시키는 행위는 이러한 데서 생긴다. 예를 들면 고용주로 하여금 노동자를 마음대로 해직시킬 수 없게 해놓고, 그다음에는 수정안으로 그것을 거의 무효화시키는 경우가 바로 그것이다.

새로 선출된 의회가 언제나 고정된 의견과 함께 참신한 의견을 보이는 것도 이 때문이다. 일반적인 문제가 더 많은 것이 상례이기 때문에 의회에는 항시 미결이 남아 있게 되는데, 이러한 미결은 언제나 선거민을 염두에 두어야 하는 데서 오는 것으로 이러한 잠재적 암시가 리더들로부터 오는 영향력을 견제한다.

물론 많은 의원들에게 명확한 선입관이 없는 주제의 토의에서는 주역이 되는 것은 당의 리더들이다.

이러한 리더의 필요성은 어느 나라에나 그룹의 보스라는 이름으로 이것이 존재하기 때문에 자명한 것으로 보아야 할 것이며, 이들이 의회의 실질적 지도자인 것이다. 군중을 이루는 인간은 리더가 없으면 행동할 수가 없고 따라서 의회의 결의는 대체로 소수의 의견이라는 이야기가 된다.

리더의 영향력을 뒷받침하는 데 있어서 그가 동원한 논증은 미미한 역할에 그치며 위엄이 큰 역할을 한다. 리더들이 어떤 일로 위엄을 상실하면 즉각 영향력도 상실한다는 사실이 이것을 가장 잘 설명해준다.

이러한 정치적 리더들의 위엄은 개인적인 것으로 이름이나 명성과는 무관하다. 이러한 사실과 관련, 그 자신도 소속된 한 사람이었던 쥘 시몽(Jules Simon)이 1848년 의회의 저명한 의원들에 대해 언급한 것은 재미있는 실례를 제시해준다.

두 달 전의 그는 막강한 실력자였고 루이 나폴레옹은 존재도 없었다. 빅토르 위고는 연단에 올라섰으나 성공하지는 못했다. 그는 펠릭스 프야(Felix Pyat)의 경우처럼 경청되었지만 그만큼 박수가 나오지는 않았다. 볼라벨(Vaulabelle)은 펠릭스 프야에 대해 이야기하면서 그러나 그는 프랑스 제일의 기자이고 웅변가라고 말했다. 에드가르 키네(Edgar Quinet)는 뛰어난 유수의 지성에도 불구하고 전혀 평가를 받지 못했다. 의회가 열리기 이전에 그는 대단히 인기가 있었으나 의회 안에서는 주목을 끌지 못했다.
천재의 탁월성은 다른 어느 곳보다도 정치집회에서 빛을 제대로 발산하지 못한다. 정치적 집회는 시간과 장소에 알맞고 당에 봉사하는 웅변이라야 점수를 주지, 국가에 봉사하는 열변에는 주시하지를 않는 법이다.
1848년에는 라마르탱(Lamartine)에게, 1871년에는 티에르(Thiers)에게 경의가 보내진 것은 긴급하고 불가결한 이해에서 자극이 필요했기 때문이다. 위기가 가시자마자 의회는 즉각 그에 대한 감사함이나 당시의 심각성을 잊어버렸다.

내가 앞의 글을 인용한 것은 거기에 포함된 내용 때문이지 거기에 시사된 것을 설명하기 위해서가 아니다. 이러한 심리는 어느 면에서는 유치하다고 볼 수 있다.

군중은 당파적이건 국가에 봉사하는 것이건 일단 자신들의 서비스를 리더에게 일임하면 군중의 성격을 잃어버린다. 군중이 리더에게 복종하는 것은 지도자의 위엄(prestige) 때문이며 그러한 귀의가 감정이나 이해 또는 은덕, 의리 때문은 아닌 것이다.

따라서 충분한 위엄이 갖춰진 리더는 절대적인 권력을 휘두르게 된다. 저명한 의원이 오랫동안 위엄에 의한 거대한 영향력을 행사해오다가 어떤 금융 스캔들에 얽혀 지난번의 총선거에서 낙선한 이야기는 누구나 다 알고 있을 것이다. [수상을 지낸 프랑스의 대정치가 조르주 클레망소(George Clemenceau, 1841~1929)를 말함] 그가 신호만 내보내면 어떤 내각이고 간단히 무너졌다. 한 신문기자는 그의 정치활동의 폭에 대해 다음과 같이 서술하고 있다.

우리가 통킹(越南)에서 여느 때의 3배나 대가를 치러야 했고, 마다가스카르에서 오랫동안 안절부절못한 것, 하부니제르(서아프리카)의 제국에 속은 것, 이집트에서 기득권의 유리한 고지를 잃은 것 등등이 주로 'C' 씨 때문이었다. 'C' 씨 때문에 우리는 나폴레옹 1세의 재난 때 잃은 것보다 더 많은 영토를 날려버렸다(초기의 클레망소는 급진주의자로서 식민주의에 격렬히 저항했다).

우리는 이 지도자에 대해 지나치게 원망해서는 안 될 것이다. 그의 영향력은 거의가 여론을 따르는 데서 생긴 것으로 식민지 문제에 관한 당시의 여론은 그 뒤와는 전혀 달랐다. 지도자가 여론을 앞지르는 법은 좀처럼 없으며 지도자가 하는 일이란 여론에 따르고 여론의 오류를 잡아주는 일인 것이다. 위엄을 제외한 지도자의 설득 방법은 우리가 여러 차례 다룬 요소에서 찾을 수 있다. 이러한 수단들을 기술적으로 충분히 활용하기 위해서 지도자는 적어도 무의식적 자세로 우선 군중심리에 정통해야 하고, 그들에게 말을 건네는 방법을 터득해야 한다.

지도자는 특히 용어와 표어 그리고 이미지의 마력적 영향력을 간파하고 있어야 한다. 그는 또한 정력적인 확언 — 논증이 끼지 않아야 한다 — 과 요약된 주장으로 표현된 강력한 이미지의 독특한 웅변술을 소유하지 않으면 안 된다. 이러한 종류의 웅변이 어느 의회에서나 환영받으며 가장 근엄하다는 영국 의회도 마찬가지다.

영국의 철학자 메인(Maine)은 이렇게 말하고 있다.

하원의 토의는 언제 보아도 막연한 일반론과 격렬한 인신공격의 교환에 그치는 감이 있다. 이러한 유형의 일반적 상투어는 진정한 민주주의에 대한 이미지에 중대한 영향을 준다. 군중이 인상적 용어로 표현된 일반적 주장을 받아들이도록 하는 것은 어렵지 않다. 이러한 주장은 입증된 것도 아니고 입증되어야 한다고 생각되지도 않은 채 받아들여지는 것이다.

위에서 인용한 '인상적인 용어'는 더할 수 없이 중요하다. 언어와 표어의 특이한 마력에 대해서는 앞에서도 몇 번인가 강조했다. 이러한 용어는 생생한 이미지를 부각시키도록 선택되어야 한다. 우리 의회의 지도적 의원이 행한 연설에서 발췌한 다음의 인용은 좋은 예가 될 것 같다.

가령 같은 배에 평판이 나쁜 정치인과 살인죄를 범한 무정부주의자를 싣고 죄수들을 교화시키는 열병지대의 섬에 데려가는 경우, 양자는 서로 대화가 통할 것이며 동일한 사회의 두 가지 보완적 측면을 반영하는 것으로 보일 것이다.

이렇게 형성된 이미지는 아주 생생하며 연설자의 정적들은 위협적으로 느끼게 된다. 듣는 사람들은 열병의 나라와 그들을 싣고 가게 될지도 모를 배를 번갈아 상상하게 된다. 왜냐하면 그들도 평판 나쁜 정객에 끼어들 공산이 없는 것은 아니기 때문이다. 그들은 로베스피에르의 막연한 단두대 위협에 국민공회 의원들이 질겁하여 영락없이 그에게 굴복하고 만 공포를 은연중 기억하고 있기 때문이다.

엉뚱하게 과장하는 것도 지도자에게는 필요하다. 위에서 인용한 연사는 격렬한 항의에 직면하지 않고도 은행가와 종교인들이 폭탄 투척자를 지원했다거나, 거대한 금융회사의 중역은 무정부주의자나 마찬가지로 처벌받아야 한다는 주장을 단언할 수도 있을 것이다.

이러한 형태의 단언은 군중에게 언제나 큰 효과를 발휘한다. 단언은 아무리 강렬해도 무방하며 연설은 아무리 위협적이어도 상관할 바 없으며, 사실 이러한 종류의 웅변처럼 청중을 위협하는 것도 없다. 청중들은 만약 항의했다간 반역자나 공모자로 몰리지 않을까 두려워한다.

이미 이야기했지만 이런 특이한 스타일의 웅변은 어떤 의회에서나 압도적 효과를 발휘했다.

위기의 시대에는 그 힘이 더욱 두드러진다. 프랑스 혁명의회에서 위대한 웅변가들이 행했던 연설은 이러한 점에서 대단히 흥미롭다.

연사들은 으레 범죄를 지탄하고 미덕을 찬미하는 것을 잊지 않았고 이어서 폭군을 저주하면서 자유가 아니면 죽음을 달라고 외쳤다. 청중들은 일어서서 터질 듯 박수를 보내고 다시 조용히 자리에 앉는다.

때로는 지도자가 해박한 지식을 갖추고 고도의 교육을 받은 경우가 없지 않지만 그러한 것들은 대체로 유익하다기보다 유해한 때가 많다.

지성은 사물의 관계가 얼마나 복잡한가를 보여주고 설명과 이해를 넓히려 들기 때문에 지식인은 관대하고 우유부단하게 되고, 주의주장의 전도자에게 절대적으로 요구되는 강력하고 열렬한 확신을 갖지 못하는 경향이 있다.

어느 시대에서나 군중의 지도자, 특히 혁명의 지도자는 어이없을 정도로 지성의 폭이 좁았고 거대한 영향력을 발휘한 사람은 어김없이 지식이 모자란 사람들이었다.

그 대표적인 인물이라 할 수 있는 로베스피에르의 연설은 놀라울 정도로 조리가 맞지 않는다. 이 강력한 독재자가 어떻게 그러한 엄청난 일을 할 수 있었는지 연설만 읽어보고서는 이해가 가지 않는다.

평범하다기보다는 유치한 사람에게나 통할 수 있는 교화적 웅변이나 라틴적 교양의 진부함과 군더더기뿐이요, 초등학교 학생의 공격과 저항 같은 자세였다. 사상도 없고 흐뭇한 꿈도 없으며 맺고 끊는 데도 없었다. 지루하게 쏟아지는 연설이었다. 무미건조한 연설문을 읽고 나면 누구나 애교 있는 카밀 데무랭(Camile Desmoulins)처럼 "오!" 하고 한숨이 절로 나올 것이다.

지극히 협소한 두뇌와 강력한 결심이 위엄을 갖춘 사람에게 주는 힘은 대단히 크다. 그러나 이러한 조건이 갖춰졌다 해도 장내를 무시하고 고도의 의지력을 과시해야만 제대로 힘을 발휘할 수 있는 것이다. 군중들은 정력적이고 확신에 차 있는 사람이라야 본능적으로 그들이 필요로 하는 지도자로 믿게 된다.

의회에서는 연설의 성공 여부가 전적으로 발언자의 위엄에 좌우되는 것이지 그가 제기한 논리에 좌우되지 않는다. 어떤 이유로 연설자가 위엄을 상실하게 되면 모든 영향력을 동시에 잃는다는 사실이 이것을 가장 잘 증명해준다. 이러한 사람은 투표에서의 영향력까지도 몽땅 상실한다.

무명의 연사가 정연한 이론을 들고 나온다 해도 이론만 들고 나와서는 청중을 붙잡는 데 그칠 뿐, 그 이상의 성과는 없다.

예리한 심리학자이며 그 자신 의원이기도 한 데소브(Desaubes)
는 요즘의 위엄이 없는 의원에 대해 다음과 같이 묘사하고 있다.

그는 연단에 올라서면 우선 가방에서 서류를 꺼내어 정연하게 펼쳐
놓고 자신 있게 입을 열었다.
그는 자신이 고무된 확신을 의원들에게 납득시킬 수 있을 것으로 의
기양양해 있었다. 그는 자신의 주장을 이리저리 재어보았다. 그는
숫자와 증거를 완전히 파악하고 있었다. 명백한 증거 앞에 어떤 항
변도 무위로 끝나리라 믿었다. 그는 자기 주장의 정당성을 확신하고
오직 진실의 옹호만을 열망하는 동료들의 경청을 믿으면서 연설을
시작했다.
연설을 하면서 장내가 소란스러운 데에 잠시 놀랐고, 약간은 화가
났다.
"왜 이리 조용하지 못합니까, 왜 이리 딴전들입니까? 잡담하는 의원
들은 무슨 생각들입니까? 자리를 뜬 의원들의 급한 볼일은 도대체
무언가요?"
초조한 빛이 그의 얼굴을 스쳤고 얼굴을 찌푸리면서 그는 연설을 중
단했다. 의장이 계속하라고 편을 들어주자 톤을 한층 올려서 연설을
다시 시작했다. 듣는 사람은 더 줄어들고 있었다. 그는 억양을 더 높
였고 힘찬 제스처까지 동원했다. 주변의 잡음은 커가고 있었다. 그
는 자기 목소리도 분간할 수 없게 되자 또다시 중단했다. '토의 종결'
이라는 무서운 선언이 떨어질까 겁이 나 연설을 또 계속했다. 소란
은 감당할 수 없는 것이 되고 말았다.

군중 속에 끼면 의원도 바보가 된다

의회도 흥분 상태의 극에 이르면 통상적인 이질군중과 같아져버리며, 따라서 이들의 감정도 과격해진다. 의원들도 위대한 영웅주의나 과격한 특성을 보이기 마련이다. 또한 개성을 상실하게 되고 자신의 이익을 가장 해치는 안건에도 찬성하게 된다.

프랑스혁명의 역사는 의회가 어느 정도 자기의식을 잃고 암시에 맹종하여 자신의 이익에 역행하는 법안에 찬성하게 되는지를 잘 보여주고 있다.

귀족이 자신의 특권을 폐기한다는 것은 엄청난 희생이라 하겠는데, 이러한 일이 입법회의의 회기 중 어느 날 밤 주저 없이 일어났다.

국민공회 의원들은 자신들의 불가침권을 폐기하면 언제 죽게 될지 모르는 데도 불구하고 태연히 폐기시켰으며, 오늘 단두대로 가는 동료의 운명이 내일은 자기의 운명이 될 것을 뻔히 알면서도 동료들을 마구 처단했다.

왜 그랬을까? 그들은 이미 앞서도 언급한 바 있는 자동적 심리 상태에 빠져 있었기 때문에 최면화된 암시의 맹종에서 빠져나올 수 있는 마음의 여유가 없었던 것이다.

그들 중 한 사람인 빌로 바렌스(Billaud Varennes)의 『회상록』은 이 사태에 관한 압권이 되고 있다.

우리가 비난받고 있는 결의안은 이틀 전, 아니 하루 전까지도 결코 바라던 것이 아니었다. 오직 위기의 순간에 그것을 가능케 했을 뿐이다.

더 이상 정확한 다른 표현은 없을 것 같다.

이러한 무의식 상태는 파란만장의 국민공회의 회기 전체에서 찾아볼 수가 있다. 히폴리트 텐은 이렇게 쓰고 있다.

그들은 법안을 승인하고 공포했다. 이러한 법안들은 국민공회 의원들도 두려워한 죄 없는 사람을 죽이고 친구를 죽이고, 어리석고 우매할 뿐 아니라 범죄적인 법안까지도 마구 통과시켰다. 우파의 소란스럽고 만장일치적인 갈채와 지지를 받은 좌파들은 자신들의 타고난 수령이요, 혁명의 위대한 견인차요, 지도자였던 당통을 교수대에 올렸다. 좌파의 지지를 얻은 우파는 만장일치와 터질 듯한 갈채 속에 혁명정부 최악의 법을 통과시켰다. 만장일치와 찬미와 열광, 코로 데르보아(Collott d'Herbois), 쿠통(Cuthon), 로베스피에르에 대한 지지와 격정적 동정 속에 국민공회는 무의식적이고 기계적인 재선거에 의해 살인정부를 유임시켰다. 산악당은 살인적이라 해서 혐오했고 평야당은 자기 당원들을 죽였다고 해서 이 정부를 혐오했지만 마구 휩쓸려버렸다. 산악당도 평야당도 다수파도 소수파도 자살행위에 표를 던진 것이다. 혁명력(1793년 프랑스 제1공화국에 의해 제정되었다가 1805년 12월 31일 폐지) 9월 22일, 국민공회는 완전히 처형 집행자의 뜻대로 움직여주었고 11월 8일 로베스피에르의 연설이 끝난 후 15분도 안 되어 꼭 같은 사태가 반복되었다.

이러한 묘사는 비정해보이지만 그러나 정확한 것이다. 흥분하거나 최면술에 걸리게 되면 여느 의회나 비슷한 성격을 드러낸다. 안절부절 들떠 있기 때문에 어떤 충동에나 따라가 버린다.

1848년 의회에 대한 다음의 기사는 민주주의에 대한 명백한 확신을 가지고 있었던 의회주의자 스퀴레의 글이다. 대표적인 것이 아닌가 싶어 ≪문학평론≫지에서 전재한다. 이 글은 군중의 특징으로 지금까지 언급한 과장된 감정을 예시적으로 보여주고 있으며, 의회에서 나타날 수 있는 순간순간, 이 감정에서 저 감정으로 변덕스럽게 옮겨가는 극단적인 가변성을 적나라하게 보여준다.

공화당은 분열과 질투, 의심으로, 그리고 다른 한쪽으로 맹신과 끝이 없는 희망으로 결국 파멸했다.
참신하고 솔직한 반면 불신이 보편화되어 피장파장이었다. 준법정신과 기강에 대한 이해가 없고 끝없는 테러와 환상이 얽혀 마치 농부와 어린애의 수준이었다. 은인자중하면서도 성급하고, 양순하면서도 잔인했다. 이러한 상황은 양육과 교육을 받지 않은 기질에서 야기된 자연스러운 결과였다. 그들은 어떤 일에도 놀라지 않는 반면 어떤 일에는 혼비백산할 수가 있다. 공포에 전율하는가 하면 영웅주의에 매몰되고, 물불을 가리지 않는가 하면 그림자에도 질겁한다.

이들은 사건의 인과관계를 알지 못하며 갑자기 흥분했다가 역시 갑자기 시무룩해진다. 그들은 어떤 종류의 공황(panic)에나 낭패하며 너무나 격앙되거나 지나치게 침울해진다. 사태가 필요로 하는 분위기에 적응해 들어가지를 못한다. 물보다도 더 기민하게 모든 방향을 반영하고 모든 형태를 드러낸다. 이들이 정부에 어떤 유형의 기반을 제공할 것으로 기대되는가?

다행히도 지금까지 이야기한 의회의 특징들은 계속적으로 항시 나타나지는 않는다. 의회는 어떤 순간에만 군중이 된다. 의회를 구성하는 개인의 대부분은 대개의 경우 자신의 개성을 보유한다. 그렇기 때문에 의회는 기술적으로 우수한 법을 만들어낼 수가 있다. 이러한 법률의 입안자는 조용히 연구하여 준비하는 전문가들인 것이며 실제로 법에 대한 투표는 개인의 업적이지 의회의 업적이 아니다.

법은 자연 최상으로 태어난다. 이러한 법은 집단적 노력의 결과로 일련의 수정안이 통과될 때만이 재난을 당한다.

군중이 하는 일은 어떤 것이건 고립된 개인이 하는 경우보다 뒤지게 마련이다. 잘못되거나 실효 없는 법이 의회를 통과하지 못하도록 안전판이 되는 것도 전문가들이다. 이러한 경우의 전문가들은 잠정적 군중의 리더가 된다. 의회가 그에게 영향력을 주지는 못하나 그는 의회에 영향을 줄 수가 있다.

운영상 여러 가지 곤란이 따르기는 하지만 의회는 인류가 지금까지 발견한 최고의 통치 형태이며, 특히 개인적 폭정의 굴레를 벗어날 수 있는 최고의 수단이기도 하다. 의회는 철학자, 사상가, 예술가, 지식인 등 한마디로 문명의 정수들에게 여하간에 이상적인 정부를 등장시켜준다. 더구나 의회가 지불해야 하는 심각한 대가라는 것도 오직 두 가지, 즉 불가피한 금전적 낭비와 개인의 자유에 대한 점진적 제약밖에 없다.

이러한 낭비의 위험은 선거군중에게 선견지명이 절실히 필요한데도 그것이 결여된 데서 오는 필연적 결과이다. 예를 들어 노동자의 노년연금을 보장한다거나 공무원의 어느 계층 급여를 인상하려면 의원들은 민주주의 이상에 명백히 부합되는 법안을 제출하게 될 것이며, 이러한 제안이 통과되면 타격을 입게 될 의원들은 그것이 예산에 주름을 주고 새로운 세원을 개발해야 한다는 것을 잘 알지만, 선거인을 두려워하기 때문에 감히 발언을 못하는 것이며, 찬성하지 않을 수가 없는 것이 보편적이다.

지출의 증가에서 오는 여파는 다음 문제라 하더라도 개인적으로 어떤 불리한 타격을 주지는 않지만 반대표를 던지면 다음 선거에서 반드시 문제로 등장하기 때문이다.

이러한 지출 팽창의 일차적 원인 말고도 또 하나의 만만치 않은 원인이 있으니 지방 사업을 위한 예산의 승인이다. 의원은 이러한 제안에 반대할 수가 없다. 이러한 제안은 선거인의 숙원 사업이기 때문에 동료들의 비슷한 요구에 응해주어야만 자기 선거구 일을 처리할 때 동료들의 지원을 얻을 수 있기 때문이다.*

앞서 말한 바와 같이 의회의 두 번째 위험, 즉 의회가 향유할 수 있는 자유폭의 제한은 그것이 두드러지게 나타나고 있지는 않

* 1895년 4월 6일자 프랑스 ≪이코노미스트(Economiste)≫지는 단순한 선거상의 배려에 의해 야기된 국비 팽창, 특히 철도 지출의 팽창이 어느 정도에 이르렀는가에 관한 재미있는 숫자상의 개요를 보도하고 있다. 이에 따르면 인구 3000명의 산간 소읍 랑게이를 퓌이에 연결하기 위해 1500만 프랑의 철도 가설안이 통과되었다. 인구 3500명의 보몽을 카스텔 사라쟁에 연결하기 위해 700만 프랑, 인구 523명의 작은 마을 우스를 인구 1200명의 세이에 연결하기 위해 역시 700만 프랑, 프라드를 인구 747명의 올레드에 연결하기 위해 600만 프랑의 철도비가 책정되었다.

1895년 한 해에만 지방용 철도를 위한 비용이 9000만 프랑이나 되었다.

이 밖에도 선거상의 배려로 나가는 지출은 얼마든지 있다. 또 노동자의 연금을 제도화하면 최소한 1억 1500만 프랑의 비용이 소요된다는 것이 재무장관의 계산이고, 학사회원 르로와 보류(Lerov Beaulieu)의 계산은 8억 프랑으로 나와 있다. 이러한 형태의 지출이 계속 늘다보면 재정이 파탄에 이를 것은 자명한 사실이다. 많은 유럽 국가들 ― 포르투갈, 스페인, 그리스, 터키 ― 은 이미 파탄 단계에 돌입했고, 이탈리아도 머지않아 같은 상태에 휘말리게 될 것이다. 그러나 이러한 상태를 지나치게 우려할 필요는 없다. 왜냐하면 이 나라들이 발행 공채의 이자를 80까지 삭감하기로 일반이 모두 동의했기 때문이다. 이러한 기묘한 상황 아래서의 파산은 예산의 불균형을 즉각 시정하기 어렵게 한다. 또한 이밖에도 전쟁, 사회주의, 경제적 충돌이 우리가 살고 있는 전반적 해체시대에 혼란을 가중시키고 있어 우리의 손이 미치기 어려운 미래까지 지나치게 걱정할 필요는 없으며, 임기응변으로 살아갈 필요가 있을 것이다.

지만 아주 현실적인 것으로 부상되고 있다. 이것은 의회가 찬성할 수밖에 없다고 판단한 수많은 제약적인 입법 조치에 기인하고 있는데, 의원들은 근시안적 시각 때문에 그것이 어떤 사태를 가져올지 모르는 경우가 허다하다. 이러한 위험은 아무래도 불가항력이 아닌가 생각된다. 왜냐하면 선거인의 간섭을 가장 덜 받는 의회정부를 가진 영국에서도 그것을 방지하지 못하고 있기 때문이다.

허버트 스펜서(Herbert Spencer)는 이미 오래된 저서에서 형식적 자유의 증가는 실질적 자유의 감소를 초래한다고 간파했다. 그는 최초의 『개인 대 국가』라는 저서에서 다시 이 문제를 다루고 영국의 의회에 대해 다음과 같이 서술하고 있다.

이때부터 내가 지적한 방향으로 입법이 진행되었다. 지속적인 전제적 조치들이 계속 개인의 자유를 제약하는 두 가지 방법이 나타나게 되었다. 규제가 매년 대량으로 쏟아져 나오는데 전에는 자유스러웠던 행동에 제약을 하거나 전에는 해도 좋았고 안 해도 되었던 행동을 하도록 의무화시키는 두 가지 방향으로 나타난다. 이와 동시에 공공투자의 증가, 특히 지방예산의 증가로 국민들은 자신이 번 몫을 마음대로 쓸 수 있는 기회가 날로 줄어들고 있으며 당국이 마음대로 처분하는 몫은 늘어만 간다.

스펜서가 지적하지는 않았지만 이러한 점진적 자유의 저항은 어느 나라에서나 나름의 형태로 진행되며, 입법안의 무더기 통과는 결국 일반적으로 억압적 질서를 위한 것으로 이러한 법안을 집행하는 관료들의 숫자, 파워, 영향력을 증가시켜준다. 이리하여 관료들은 문명화된 세기의 진정한 주인 노릇을 하게 되었다.

끊임없이 인수인계되는 권력의 변동 속에서도 오직 행정계층만이 바람을 타지 않기 때문이며, 이들만이 책임이 없고 개인적으로 원한을 사지 않고 영속적으로 지위를 누리기 때문이다. 이러한 3박자 형태로 행사되는 것보다 더 포악한 전제주의는 없을 것이다. 제약적인 법률과 규칙을 끊임없이 만들어내 복잡한 형식으로 세부적인 행동까지 규제, 결과적으로 시민들이 자유롭게 움직일 수 있는 영역은 점점 좁아지게 되었다.

평등과 자유는 법의 확대로 보다 확실하게 보장될 수 있다는 환상에 사로잡힌 국민들은 구속과 부담이 늘어나는 법에 매일매일 동의했다. 이러한 입법에 동의할 때마다 응보가 따랐다. 모든 구속을 참아내는 데 길들여지면 머지않아 노예를 갈망하게 되고 자발성과 원기를 상실하게 될 것이다. 그렇게 되면 인간들은 허무한 유령이요, 수동적이요, 저항을 모르고 무력한 자동인형에 불과하게 될 것이다.

이 지경에 이르면 인간은 자기 자신 속에서 찾지 못하는 힘을 밖에서 찾게 마련이다. 이리하여 국민의 무관심과 무능의 정도가 심해지면 심해질수록 정부의 기능이 필연적으로 강화된다.

개인의 정신에 결여된 적극적 기업정신, 지도정신이 정부의 기능으로 발휘된다. 국가가 모든 일을 맡고 모든 일을 지휘하고 모든 것을 자신의 보호하에 둔다. 국가는 전능한 신이 된다.

지금까지의 경험에 의하면 신의 힘도 국가만큼 지속적이고 강력한 적이 없었다.

　모 국민의 경우, 서류상으로는 소유하고 있을 뿐 점진적 제약이 나타나고 있는 것은 그들이 너무너무 늙은 데다 특수한 제도가 작동하여 그렇게 된 것이 아닌가 싶다. 이러한 현상은 지금까지 어느 문명도 피할 수가 없었던 퇴락의 전조가 아닐 수 없다.

　과거의 교훈으로 보나 여러 측면에서 눈길을 끈 여러 증세를 판단컨대 몇 가지 우리 현대문명은 퇴폐 직전의 극단적 노쇠 상태에 이른 것 같다. 역사는 흔히 자신의 코스를 반복하기 때문에 모든 인류는 불가피하게 동일한 생존 단계를 거처야 할 것이다.

위대한 군중의 힘, 그 원천은 어디에

문명진화의 공통적 단계를 간략히 서술하는 일은 어려운 일이 아니며 문명의 진화에 대한 간략한 서술로 이 연구를 끝낼까 생각한다. 이러한 즉석 논평은 오늘날 군중이 행사하는 위대한 힘의 원천이 어디에 있는지를 조명하게 될 것이다.

만약 우리가 앞서간 문명의 위대성과 쇠망의 계보 및 기원을 파고든다면 무엇을 발견할 수 있을까?

문명이 시작될 때는 여러 인종이 이민, 침략, 정복 등의 우연한 기회로 합류하게 되었다. 혈통이 다르고 언어와 신앙도 다르고 유일한 공통적 유대는 반쯤 승인된 추장의 법률이었다.

군중의 심리적 특징은 이러한 혼잡한 집단에서 가장 두드러지게 노출된다. 이러한 집단은 군중의 일시적 응집력, 영웅주의, 약점, 충동, 폭력 등을 갖게 되는데 이들을 연결시킬 만한 것이 없다. 이들은 야만인인 것이다.

결과적으로 시간이 목적을 달성한다. 환경이 닮아가게 되고 종족들이 계속 섞이고 공동생활이 필요하게 되면서 이들은 힘을 발휘하기 시작한다.

상이한 소규모의 종족들이 모여 전체적인 인종을 형성하고 공통적 특성과 감정이 형성되면서 유전이 작용하면 더욱 불변적 속성이 되고 만다. 군중은 비로소 국민이 되고 야만 상태에서 탈피할 수 있게 된다. 그러나 그러한 상태를 벗어나려면 오랜 노력과 집요하고도 반복적인 투쟁을 거쳐 드디어는 하나의 이상을 감지해야 했다. 이러한 이상의 성격은 중요한 것이 아니다. 로마 숭배이건, 아테네의 힘이건, 알라의 승리이건, 민족 전체를 하나의 통일된 감정과 사상으로 결집시킬 수 있으면 되었다.

이 단계에서 자신의 제도, 신앙, 예술을 가진 새로운 문명이 탄생한다. 민족은 이상을 추구함에 있어서 민족의 장엄함과 활력성, 그리고 위대성을 창조하는 데 필요한 자질을 하나하나 습득해 간다. 그러나 이때까지도 민족은 군중인 수가 많지만 이때부터는 군중의 유동적이고 변화무쌍한 성격의 저변에는 단단한 기반, 즉 민족정신이라는 것이 형성되어 있어 국민의 전환을 최소한으로 억제하고 우연한 개입을 봉쇄했다.

시간은 창조적 기능을 다하게 되면 곧장 파괴적 기능으로 돌입하게 되는데, 신도 인간도 여기에서 도망칠 수는 없다.

문명은 일정한 수준의 힘과 복잡성에 도달하게 되면 성장이 중지되며, 성장이 중지되면 급속히 쇠망한다. 노년의 시간이 다가선 것이다.

이러한 불가항력의 시간은 민족의 기둥인 이상의 약화로 시작된다. 이러한 이상이 시들해짐에 따라 그 이상이 고취한 모든 종교적·정치적·사회적 구조들도 흔들리기 시작한다. 이상이 점진적으로 사라짐에 따라 민족은 응결력과 단결력, 그리고 힘을 상실하게 된다.

개인의 개성과 지성은 발전될 수도 있지만 동시에 민족의 집단적 이기주의, 개인적 이기주의의 극단적 발전으로 대체되고 인격의 약화와 행동 능력의 결여 현상이 나타난다. 어제까지만 해도 국민으로서, 통일체로서, 전체로서 존재했던 것이 응집력이 없는 개인의 혼잡이 되어 전통과 제도에 의해 잠정적으로 인위적 결합이 유지되는 상태가 되고 말았다. 이 단계에서 이해와 야심이 엇갈려 분열된 인간은 자치 능력이 없게 되고 하찮은 행위까지 국가의 지시를 요구하게 되며 국가는 압도적 영향력을 발휘한다.

전통적 이상의 명확한 상실로 민족정신은 완전히 상실되었고 고독한 개인의 아류요 원시 상태, 즉 군중에 복귀하고 있다. 전통도 없고 미래도 없는 군중의 포말적 성격만이 두드러지고 있는 것이다.

문명은 안정을 잃고 무엇에 넘어질지 모르는 아슬아슬한 상태에 있다. 민중이 주권자이고 야만주의 풍조가 거세게 일고 있다.

물론 아직도 나아갈 프론트가 있고 과거에 위대한 업적을 남긴 점 등으로 보아 아직도 문명은 찬란하게 비칠지도 모른다. 그러나 오늘의 문명은 무너져가는 폐허에 불과하다. 아무 것도 그 운명을 뒷받침하고 있지 않기 때문에 돌풍 일과면 붕괴될 운명에 있는 것이다.

이상을 추구하여 야만국가에서 문명국가로 들어가고, 다시 이 이상이 스스로의 가치를 상실하면 쇠망하여 죽어가는 것이 민족 생활의 대체적인 순환이다.

『군중심리』의 사회학적 위치:

베르그송, 소렐, 르 봉의 사유 범위

프리드리히 요나스

독일의 사회학자, 전 뮌스터대 교수

철학에서 사회학으로

20세기는 19세기의 경험을 되새기며 해방운동(Emanzipation-sbewegung)의 운명 문제를 다시 제기하는 형태로 막을 올렸는데 이 과정에서 사회학은 독자적 학문으로 성장했다. 프랑스는 19세기에 이 해방운동의 옹호자가 되었고 대혁명 때는 유럽의 정신적·정치적 주도권을 장악했다. 이 혁명을 통해 이른바 해방에 대한 사람들의 기대가 무너지기 시작했다.

혁명은 또 하나의 새로운 절대주의를 태동시킨 채 막을 내리고 말았다. 이어서 나폴레옹의 몰락, 왕정복고, 한 차례의 혁명으로 연속되었지만 역시 갈망하던 자유에의 길이 아니라 새로운 황제를 등장시키더니 그 역시 몰락하고 말았다.

토크빌의 표현 그대로 40년 동안에 프랑스는 거의 모든 것을 시도해보았지만 어느 것도 매듭짓지 못하고 만 것이다. 혁명적 해방이 사회적·정치적 진보에의 길을 열어줄 것으로 믿어졌다. 그러나 실제로는 19세기의 최대 승리자는 영국과 프러시아였고, 여러 가지 이유로 세력 신장을 믿지 않았던 미국과 러시아가 그 뒤를 바짝 뒤쫓아 미래의 주도권을 예시하고 있었다.

이러한 경험으로 인해 이미 19세기 초부터 싹터 있었던 해방에 대한 이념이 해방사상에 대한 반발로 발전해갔다. 20세기 초기 프랑스 사회학의 재정립 과정을 연구하려면 이러한 시대적 배경을 도외시하지 않아야 할 것이다. 왜냐하면 이 무렵의 프랑스 학자들은 인간을 조직에서 벗어나게 하고 정신을 제도의 굴레에서 벗어나게 한다는 해방사상이야말로 착각이요, 비극이라 생각했기 때문이다.

'인간해방'에의 환멸

루소와 생 시몽, 그리고 콩트가 배격한 아나키의 정신이 본격적으로 규탄되기 시작했고, 사회적 고난과 정치적 불행은 물론 이데올로기적인 착각의 원인으로 단죄되었다. 르낭(Renan), 베르그송(Bergson), 소렐(Sorel), 르 봉(Le Bon), 뒤르켐(Durkheim), 페기(Peguy) 등 이 당시의 유명한 사상가들의 사유 범위는 조국의 운명과 밀착되어 있었다. "옳건 그르건 우리는 이제 더 이상 전통적 정신을 지니고 있지 못하다 ……불행하게도 우리는 새로운 논리를 갈구하고 있는 것이다"라고 말한 뒤르켐은 또 「독일대학의 철학」이라는 논문에서 "불평등하게 팽창하면서도 항상 폐쇄적인 군중들의 품에 교감이 이루어지고 그 군중들 속에 조국의 이미지가 자리 잡기를 바라는 것이다"고 명백히 부연했다.

아무리 학문의 객관성과 중립성에 노력한다 해도 어떤 사람의 어떤 이론이 누구에게 이용되고 어떤 제도를 정당화하는지를 누구나 안다. 휴스(H. S. Hughes)의 『의식과 사회』에 의하면 프랑스에서는 애국주의가 당연한 본능적인 운동으로 여겨지고 있기 때문에 독일에서처럼 논란의 대상이 되지 않는다는 것이다. 프랑스의 경우 사회학은 중립적인 분석도구로 생각했지 마음대로 활용할 수 있는 이론으로 생각하지는 않는다. 사회학은 인간이 사는 사회에 생산적인 중요성을 갖는 인식과 통찰을 말한다. 뒤르켐은 애국적인 정열로 사회학이 '프랑스의 학문'이라고 공언했다.

'해방의 원리(Das prinzip der Emanzipation)'에 대해 17세기와 18세기의 두 프랑스인이 아주 적절한 설명을 내린 적이 있다. 데카르트는 제도로부터의 인간정신 해방을 학문적 인식의 근본으로 삼았고, 볼테르는 조직으로부터의 개인 해방을 자유롭고 개명된 사회의 근본으로 여겼다.

이성과 자유가 혁명의 가장 큰 이상이고 혁명은 이성의 여신을 찬미하고 자유권을 인간의 권리로 입법화한다는 것이다. 이와 같은 이성론(Rationalism)과 해방에의 열망은 애초부터 모순에 봉착하고 있었다. 이 당시 파스칼과 루소는 뒷전에 머물러 있었으나 이들의 영향력은 꾸준히 상승하고 있었다. 이들의 테마는 이미 이성과 인간을 낡은 질곡에서 벗어나게 하는 해방의 문제가 아니라 고전적 진리에 복귀하는 문제였다. 이들의 신은 진리를 통해서만 파악될 수 있는 시인과 철학자의 신이 아니라 숭배자로 하여금 비합리적인 복종을 요구하는 구약성서의 신이요, 아브라함과 이삭의 신이었다. 루소는 일찍이 이성이 인간이 살아가는 데 불가결한 통일성의 조화(Einheit)를 파괴했다고 선언했다. 사회학의 테마는 바로 이러한 통일성의 회복이었다.

생 시몽과 콩트, 푸르동도 그랬지만 정통 왕조파인 보날드(Bonald)와 드 메스트르(de Maistre)도 '혁명의 종언'을 기본 사상으로 했다. 시간이 갈수록 루소, 생 시몽, 콩트가 그랬듯이 사람들은 해방을 더 좋은 세상에의 통행문으로 보려는 경향이 줄어들었고, 오히려 해방이 치명적인 오류요, 오직 부정적·파괴적 원리라는 생각을 갖게 되었다. 악명 높은 '짓밟힌 치욕'의 화살이 이제는 해방 사상을 떠드는 사람들에게 겨냥되었다.

푸르동은 치욕이 어느 사회계층에서 유래되는가를 물었고 소렐(Sorel)은 이것을 자신의 저서인 『소크라테스의 재판』에서 인용하면서 세련된 교양인, 예술가, 문인들이라고 선언했다. 르낭은 그의 저서 『지성과 도덕의 개혁』에서 프랑스가 프러시아에 패배한 원인은 프러시아가 성찰의 치명적 영향에 저항하여 천박함과 고난성, 그리고 몰아성의 뿌리를 갖고 있었기 때문이라고 풀이했다.

프랑스에서는 이미 계몽주의와 이성론이 변증법적 과정에 이르게 하는 반명제로서의 생명을 상실했을 뿐 아니라 하나의 파문이었다. 인간은 허위의 신에 봉사하여 패배당한 것이다. 개인의 욕구와 이해에서 나온 발상은 오류로 여겨지게 되었고 집단적 강제력, 유기체적인 전체, 초개인적인 권력이 정상시되었다. 개인의 눈에 보이는 이익과 욕구의 체험에서 얻어진 것이기 때문에 경험적·합리적이라고 주장되었던 종래의 관찰법은 폐기되었다.

이성에서 직관으로

인간이 비합리적 직관으로만 파악할 수 있고 순수 합리적으로 구성할 수 있는 집단(Kollectra) ─ 아리스토텔레스의 고전적 주장을 빌면 전체는 부분의 합계 이상의 것 – 이 이제 사회의 인식 대상으로 등장했다.

앙리 베르그송(Henry Bergson, 1850~1941)은 '생의 약동'이라는 인상적인 공식으로 세계와 사회에 대한 그러한 새로운 해석을 내렸다. 그 당시 실증주의에서 절정을 보인 합리주의와 기하학의 시대정신에서 성장한 베르그송은 고대로부터 유명한 '제논의 역설(Paradox des Zenon)'에 대해 분망한 외도 연구를 했다. 아킬레스가 왜 거북이에게 뒤져야 하는지 이성은 설명할 수가 없었다. 이성은 생의 내부에 있는 원동력을 알지 못한다는 것이다. 이성은 모든 것을 추상적인 척도로만 파악한다는 것. 여기에서 베르그송은 파스칼과 마찬가지로 이성론(또는 합리주의)과 이별했다. 합리주의가 현실 파악의 능력을 상실했다는 것이다. 현실에 대한 비판적 정의는 생명 없는 물질세계에서는 타당성이 증명되나 생명세계의 과정인식에는 들어맞지가 않는다는 것이다. 이성의 인식 능력은 제한적이어서 인간생활이나 사회생활을 다룰 때는 타당성을 잃는다는 발상이다. 이성이 아닌, 분석적인 이성과 반대되는 직관이 참된 연관 관계를 규명해준다는 것이다. 때문에 부분의 합 이상의 것인 전체는 계몽주의자나 자유주의자들이 시민사회의 행동관계를 해부하듯 부분에서 이성적으로 파악될 수가 없다는 주장이다.

전체에 대한 직관적인 판단이 해부적 분석에 선행한다는 것이다. 살아 있는 운동은 합리적으로 해부되지 않기 때문에 통일체로 파악되어야 한다는 것. 이러한 운동은 공간적으로 측정될 수 있는 시한(Zeit)에서 그치지 않고 경험적 지속(Dauer)으로 나타난다는 관점이다.

'생의 약동'이나 '창조적 진화'는 이성적으로 파악될 수 없는, 따라서 모든 예언을 거부하는 운동력이다. 이 '생의 약동'과 '창조적 진화'의 특징은 이성적으로는 이해될 수 없는 정신적인 자유와 정의(innere Freiheit und Offenheit)이다.

자유와 정의의 외견양식과 진리의 관계는 자갈과 자갈을 운반한 파도의 관계와 같다는 것. 인간이 자갈을 집어 올리지만 자갈을 밀어오고 끌어가는 것의 근본적인 원동력은 파도라는 것이다. 생은 행동이요, 이 행동은 이성의 해부가 아닌 직관의 감동으로 파악된다.

베르그송은 이미 학위논문「양심의 제1차적 조건에 관하여」에서 외면적이고 의식적이며 사회적으로 주형된 자아와, 진정하고 사회화되지 않고 의식화되지 않은 자아를 구분했다.

둘째의 진정한 자아가 모든 생명력 있는 창조력의 원천이 된다. 이런 진정한 자아에의 헌신이 곧 참된 자유로 해석된다. 창조 활동에서 인간이 관계하는 것은 이성을 통해 얻어지거나 사회를 통해 전수된 것이 아닌 자유의지적이고 산정될 수 없는, 오직 직관을 통해서만 파악될 수 있는 것들이다.

파스칼은 그의『팡세』에서 "이해될 수 없는 것들은 모두가 움직이는 것"이라고 선언했다. 베르그송이나 소렐이나 본질적으로 작용하는 것은 인식(식별)되지 않는다고 생각했다. 그것은 비유로서만 말할 수 있는 힘인 것이며, 베르그송이 말했듯이 모든 예언을 거부한다.

이와 같은 기본적인 생명력이 작용하는 실례의 하나를 베르그송은 기독교의 모럴과 스토아학파 모럴의 비교를 통해 제시했다. 양쪽이 똑같은 말을 했지만 같은 악센트로 표현하지 않았기 때문에 방향이 전혀 달랐다는 것이다. 스토아학파는 훌륭한 범례를 제시했으나 그것을 영혼에서 영혼으로 전파시켜 감동시키지 못했기 때문에 인간을 끌어들일 수 없었다는 것이 베르그송의 주장이다.

스토아학파와 기독교

스토아학파의 이성적인 도덕적 교훈은 기독교 신앙이 성취한 일을 하지 못한 것이다. 역시 실증주의의 인식도 인간생활이나 인간사회에 효과적인 생명력을 불어넣는 데 실패한 것으로 보였다. 모든 살아 있는 세계는 의식의 표피 아래 숨겨진 내면의 세계라는 것이다. 모든 진정한 시간(Zeit)은 내심적으로 체험되는 지속(Dauer)이다. 이성과 사회 때문에 짓밟힌 이러한 내면의 힘을 끌어내야 한다는 것, 현실에 작용하는 이러한 생명력이 인식되어 그것이 사회를 주도해야 한다는 주장이다.

사회가 개인의 이성적·합리적 이해로 구성되어져서는 안 되며 집단이 개인에게 부여한 도덕적 의무로 조직되어야 한다는 것, 폐쇄사회와 대립되는 개방사회는 개인의 해방이 아니라 이러한 도덕적 의무를 제시하고 발전시키는 데 특징이 있다. 여기에서는 개방사회와 폐쇄사회의 차이가 개인주의와 집단주의의 차이로 나타나지 않고 오히려 정반대로 개인주의적인 합리성에 빠져 경직화된 사회가 폐쇄형으로, 진정한 공동체사회를 발전시키는 사회가 개방형으로 나타난다. 개방사회는 개인을 방임하는 그러한 사회가 아니라 개인이 자신의 생활을 결정하는 생명력 있는 힘에 헌신하도록 자유가 허용된 그러한 사회이다.

이러한 자유는 곧 비판적 이성으로부터 해방되어 직관에 헌신하는 것, 복잡하고 자극적인 현대 생활에 새로운 소박성과 금욕으로 복귀하는 것을 의미한다.

토크빌과 존 슈트어트 밀, 쿠르노(Cournot)와 니체, 부르크하르트 등은 급격한 사회변동이 새로운 세계상을 부각시켰다고 지목하면서 여기에서는 외면적인 대중, 즉 외면적인 필요성이 모든 내면적인 생활을 압도한다고 진단했다. 이미 푸르동과 그를 추종하는 아나키스트들이 이러한 압력에 저항, 새로운 대항력을 동원하려 시도했다. 푸르동은 이러한 노력이 별다른 성과를 기대할 수 없다고 판단, 인도주의에서 문화비관주의로 돌아서버렸고 그를 따르는 경향이 나타났다.

쇼펜하우어의 비관주의에 항변한 니체와 비슷하게 베르그송도 이러한 문화비관주의에 저항하면서 새 정신을 제창했다. 이런 새 정신의 촉구는 뒤르켐과 소렐에게도 중요한 모티브가 되었다.

다음 세대의 인간들은 무엇에 의지해서 살 것인가에 대한 뒤르켐, 베르그송, 소렐의 해답은 새로운 정신을 창조해야 한다는 것이었다. 베르그송과 뒤르켐은 서로 모순되는 두 가지 방법을 제시했는데 소렐은 베르그송 편에 가담했다. 베르그송과 소렐의 관계는 본질적인 면에서 헤겔과 마르크스의 관계와 같다는 것이 프로이트의 주장이다(George Sorel, 『Revolutionary Konservatismus』).

베르그송과 소렐, 헤겔과 마르크스

소렐(1847~1922)은 현대사회의 창조적 힘을 역설한 베르그송의 주장을 신화의 초혼으로 구체화시켰다. 베르그송에 있어서 본질적으로 철학적 논증이던 것이 소렐에 와서는 정치사회학적인 논증이 되었는데 그것은 마치 헤겔의 철학적 논증이 마르크스에 와서 정치사회학의 논증이 된 현상과 유사하다.

소렐은 철학의 비판이 아닌 사회의 비판에 몰두했다. 그의 관심 대상은 이성론(또는 합리주의) 그 자체가 아니라 그것이 사회에 몰고 온 결과였다. 마르크스가 조화의 이데올로기를 내세운 부르주아적인 사회 해석의 실제에 있어서 모순을 배태시킨 것으로 보았듯이 소렐은 이성론이 진보의 환상 속에 실제로는 데카당스 운동을 배태시킨 것으로 파악했다. 이러한 현상은 병자의 머릿속에 있는 병이 바로 그 사람으로 하여금 그러한 병에 걸렸다는 생각을 갖게 한다는 마르크스, 니체, 프로이트의 이데올로기 비판적인 기본 사상을 연상시킨다. 진보에의 환상이 실제로는 데카당스를 유행시켰고, 이러한 유행이 다시 사회를 현실적인 데카당스로 흐르게 했다는 것이다. 소렐은 데카당스가 집단성(Kollectivitat)의 해체로 시작한다고 보았다. 개인은 자신의 개체성을 의식하면서 집단지향 아닌 주관지향의 행동을 하게 된다. 그는 이러한 진전 과정이 소크라테스와 기독교에서 출발한 것으로 보았으며, 헤겔이 현대사회의 합리를 소크라테스와 기독교에서 출발한 것으로 본 사실을 누구나 기억할 것이다. 점차로 개인의 통제가 해체되었고 전혀 예측할 수 없었던 사회의 퇴폐 현상이 일어났다는 것.

그는 인간의 타고난 기질이 편이하게 살려 하고 마음대로 생각하려 하며 데카당스에 도피하려는 경향이 있다고 본다. 소렐의 사회이론에서 핵심이 된 이러한 기본테마는 1889년에 간행된 그의 초기 저서 『세속적 충동에 대한 성경의 기여』와 『소크라테스의 재판』에 잘 나타나 있다. 소크라테스와 기독교에 의해 기치가 올려진 해방운동(Bewegung der Emanzipation)은 미래세계의 질서에 요구되는 새로운 원동력의 표현이 아니라 신세계의 창조에 필요한 근원적이고도 의미 깊은 통일체의 파괴로 해석되었다. 그리스와 유태국가의 역사에 잘 그려져 있듯이 생은 하나의 투쟁으로 파악된다. 오직 집단적인 힘의 대결만이 위대한 것을 창조하고 지속성을 갖는 것으로 보았다. 이것은 곧 인간의 데카당스, 즉 궁극적인 파멸을 모면하려면 공동체에 함몰되어 있는 개인은 한 개인적 존재로서의 주관성을 내세워서는 안 된다는 것을 의미한다.

주지주의자(Intellectnalist)인 뒤르켐이 사회를 하나의 실체(Sache)로 간주, 사회는 성격상 개인에 대해 객관적으로 상위에 선다고 보았고, 주의주의자(Voluntarist)인 소렐은 그러한 사회해석

뒤에 숨겨진 도덕적 어필을 중요시했다. 개인에 대해 사회를 자연법과 마찬가지의 불가분, 불가침으로 신성시한 점은 루소의 『사회계약론』에 나타난 표현을 연상시킨다. 개인이 사적 동기와 이해로 모든 것을 이해하는 순간 이미 사회의 무질서와 파국은 피할수 없다는 것이 소렐의 주장이다.

소렐은 영국과 대조되는, 프랑스에서 오랫동안 신봉되어온한 테마에 착안한 것이다. 몰리(Morelly), 바베프(Babeuf), 루소 등18세기의 급진주의자, 보날드와 드 메스트르(de Maistre), 생 시몽, 콩트, 푸르동 등 19세기의 공개적 또는 비공개적 정통왕조파들은다 같이 진정한 사회는 사적 이기심의 억제와 해방의 중단을 요구한다고 확신했다.

나중에 소렐이 좌파급진주의와 우파급진주의를 오락가락하는 듯 보이게 된 것은 이 양자 사이의 공통분모가 있다는 증거이다. 그것은 곧 계몽주의의 자랑이었던 것들이 이젠 하나의 파멸로보이게 되었다는 사실이다. 논증은 이성적인 것이 아니라 도덕적인 것이 되었고 교양인이 아닌 서민들에게 호소하게 되었는데, 루소는 이러한 소박한 서민들은 단순하기 때문에 환상에 넘어가지않는다고 갈파한 바 있다. 소박한 사람들의 세계는 진실하나 비극적인 세계라는 것, 그러나 이들이야말로 투쟁과 단결의 중요함을안다는 것이다.

계몽주의는 교양인 세계에 움튼 희망에 호소했고, 소렐은 소박한 인간들의 비극적 세계에 호소했다. 그는 대중은 '문화적 불건전성과 이질성' 그리고 '두뇌의 부족' 때문에 생을 보는 시각이 교양인들과 다르다고 지적했다.

사회가 분열된 것은 사실이나 마르크스가 주장하듯 경제적 분열이 아니라 도덕적 분열이라는 것이 소렐의 관점이다. 따라서 사회이론가들과 콩트가 주장한 대로 프롤레타리아 계급을 사회 안에 끌어들이는 것이 중요한 문제가 아니라 오히려 반대로 올바르고 건전한 판단력을 가진 국민을 사회적 혁신의 원동력으로 삼아야 한다는 것이다.

소렐은 종족공동체(Stammesgemeinshaft), 즉 코이노니아(Koinonia)야말로 진정한 사회라고 주장했다. 이러한 종족공동체는 외부 작용 때문이 아니라 내부 작용 때문에 파괴된다. 소크라테스의 이성론은 개인의 지식이 이러한 공동체를 파괴하는 힘으로 작용하게끔 유도한다는 것이다.

성악설과 지배사상

소크라테스는 이상도시(Heimatstadt)의 구체적인 우상을 제시하지 않고 사회가 개인에게 자연스럽게 동원하는 강제력에서 해방되는 것만을 역설했다. 소크라테스는 인간 자신의 사회로부터 간섭을 받지 않는 만인 공통의 보편성에 호소했기 때문에 도덕적 죄악을 범했다는 해석이다. 소크라테스는 유녀(遊女) 수준에 주저앉았다는 것이다. 소렐은 철학자들이 개인들로 하여금 이상도시의 우상에 대한 의무에서 벗어나게 했고 추종하는 민중들에게 사회는 실체가 아니라는 것을 명확히 가르쳤기 때문에 헌신할 조국을 갖지 않았던 아스파시아(Aspasia, 교양과 우아함의 상징이 된 고대 그리스의 귀부인)와 다를 바 없다고 생각했다.

공동체에의 복종은 도덕적 의무라는 것이 소렐의 주장이다. 공동체에서 해방됨으로써 자신의 생을 향상시킬 수 있다는 생각은 곧 도덕적 죄악이 된다. 또 이러한 방법으로 사회의 발전을 도모하려는 사고방식은 다름 아닌 환상이라고 보았다. 진보 숭배가 오랫동안 지배해왔으나 이제는 인간이 현실적인 각도에서 사회를 보기 시작했다고 소렐은 선언했다. 해방된 개인을 옹호하면서 이러한 개인의 행동으로 사회를 해석하려는 사람들은 실제로 사적이고도 반자연적인 향락의 공간을 확보하려 시도한 것에 불과하다는 것이다.

소렐은 인간이 알리바이(현장부재의 무죄)를 내세우는 것을 탓할 수야 없지만 평범한 인간이 위대해지려면 균형을 깨야 한다는 파스칼의 명언을 기억할 필요가 있다고 역설했다.

벨드(Edquard Berth)가 지은 『지식인의 악덕』이라는 책의 서문에서 소렐은 악의 형이상학이 지배하는 시대라 선언했다. 파스칼의 『팡세』도 "신과 자연의 모든 법칙을 거부하려는 사람들이 있고 이러한 사람들은 자신이 원하는 대로 하려 한다는 것은 이상한 일이 아닐 수 없다.……한계와 억제가 없는 이들의 자유야말로 정당하고 신성한 많은 법칙을 유린할 수밖에 없을 것"이라고 말했다.

여기에서 파스칼이 제기한 기본적 항변은 해방사상과 시민사회의 자율법칙, 이러한 자유법칙을 학문의 테마로 삼으려는 시도를 겨냥한 것인데 이것이 곧 소렐의 테마였다.

소렐은 바더(Franz von Baader)와 헤겔이 이미 오래 전에 계몽주의가 악의 문제를 회피한 사실을 알고 있었다는 사실을 알아냈다. 인간의 본성은 악이요, 인간의 의지 역시 악이라고 판단하면서도 헤겔은 해방을 긍정했는데, 이러한 도덕적 논증이 이젠 새로운 관념, 즉 인간은 자신의 사회적 관계를 행동의 구속을 받지 않고 자유롭게 설정할 수 있다는 생각을 거부하는 데 활용되었다. 해방, 다시 말해 주관적인 자유는 곧 구실로 해석된 것이다. 해방의 이름으로 인간은 고통과 노동, 그리고 고뇌의 작은 세계에서 오는 현실의 압박을 벗어나려 한다는 것이다.

그러나 이 작고 좁은 비극의 세계가 곧 현실세계라는 것을 인식하게 되었다. 여기에서 벗어나려는 것은 곧 파멸에 이른다는 생각인 것이다. '관념의 간질환자'와 '1793년의 몽상가'라는 말이 이젠 주도권을 잡았고 이들의 요구와 환상은 멸망에 이르는 길이 되어버렸다. 위대함에 이르는 운동은 강제적이어야 하고 데카당스 운동은 인간의 본능으로 해석되었다. 인간은 언제고 데카당스에 도피하려는 경향이 있다는 것. 이리하여 문제는 도덕적 퇴폐의 희생을 어떻게 가능케 하느냐와 인간에게 숭고함에 대한 감각을 회복시킬 방법이 무엇이냐에 집중되었다.

소렐의 사상적 본질은 루소, 콩트, 뒤르켐과 마찬가지로 모럴리스트였다. 그의 테마는 개인의 예속화와 에고이즘으로 타락되어버린 세계의 구제였다. 지식인과 철학자, 그리고 저술가들에게 부여된 임무는 그들이 자신의 사회에 대한 평가를 멀리하는 일이었다.

헤겔은 그의 『현상학』에서 범사와 덕을 대립시켜 덕이 패배하도록 논리를 전개한 바 있었다. 헤겔이 자유로운 개체성의 기반으로 여겼던 이러한 덕의 행복이 이젠 철저히 보복당하게 된 것이다. 개인의 이해나 욕구가 아니라 신앙문답서와 가정이 건전한 사회의 기초로 여겨지게 된 것이다.

신화와 폭력

와너(J. Wanner)는 『조르즈 소렐과 데카당스』라는 저서에서 소렐이 본질 면에서 농민적인 덕망과 농업주의 모럴을 옹호했다고 말했다. 소렐이 본 진실한 세계는 도덕적으로 일목요연하고 통제된 그러한 세계였으며, 이러한 의미에서 본 진실한 세계는 개방된 사회가 아니라 폐쇄된 사회였다. 이 범위를 벗어나면 그것은 곧 유녀와 철학자의 세계인 것이다. 르네 요하네(Rene Johanne)도 소렐에 대한 추도에서 그가 항시 '손자와 조카에게 신앙문답서를 읽어주고 식사에 늦지 않도록 조심할 것이며 항상 양치질을 깨끗이 하도록 타일렀다'고 전했다.

사회현상의 핵심, 다시 말해 사회에 대한 기능분석에서 초점이 되는 것은 마르크스가 주장한 사회경제적 성격이 아니라 도덕적 성격이라는 것이 소렐의 관점이다. 따라서 사회의 발전은 생산력의 발전이나 파괴가 아니라 도덕적 위대성이냐 도덕적 파멸이

냐의 길이라는 것. 마르크스는 생산력과 생산관계의 상호작용에서 추출될 수 있는 일정한 사회 발전의 법칙이 존재한다고 믿었었다. 수정주의자들은 이러한 신념을 철저히 타파해버렸고, 소렐은 비결정적이되 도덕적 파멸로 기울어지는 사회에는 일정한 도덕적 의지를 관철시키는 것이 시급하다는 결론을 내렸다.

여기에 필요한 하나의 방법으로 소렐은 인간으로 하여금 숭고함에 대한 자각을 되찾게 하는 신화(Mythos)를 내세웠다. 신화를 통해 모든 진실한 사회조직의 기반이 되는 공동체정신과 도덕적 합의(Moralische Kons)를 형성한다는 것이다. 사회적인 기능 관계에서 충분히 납득된 가치 질서가 몽테스키외가 이야기했듯이 외부적인 사정, 기존의 제도나 전통, 해당 공동체의 지정학적인 상황과 규모에 합치될 때는 총체적인 헌신을 요구하는 비이성적(또는 비합리적)이면서도 호소력을 발휘한 것이다. 신화는 여기에서 타락을 저지할 수 있는 유일한 수단으로서 폭력의 동원을 정당화해주는 기능을 한다. 폭력과 신화는 상호간에 밀접한 관련을 갖는다. 폭력은 신화와 연결될 때만이 완벽한 효과를 기대할 수 있으며, 반대로 신화 역시 폭력의 위협이 뒤에 도사리고 있을 때만이, 즉 폭력이 신화화되어 있는 경우만이 약속된 성과가 나타난다는 것이다.

마르크스의 이론이나 18세기의 사회이론에는 폭력의 동원이 하나의 합리성으로 나타나 있기 때문에 한계효용적인 의미밖에 없다. 18세기에 전 시대의 정치신학적인 해석에 반대하여 시민사회의 독자적인 법칙을 들고 나오게 된 것도 제한 없는 비합리적 폭력의 동원을 묵과할 수 없었기 때문이다. 법치국가는 자유의 존립을 위협하지 않는 범위에서 폭력을 사용해야 한다는 주장이었다. 여기에서의 폭력 사용은 사회의 객관적 기능 조건에 부응하는 특정의 사회질서에 봉사한다. 마르크스가 폭력의 사용이 필요하다고 말한 것도 그것이 새로운 사회질서에의 돌파구가 된다는 전제에서 합법화될 수 있다는 뜻이었다.

마르크스의 경우나 그 이전의 경우나 다 같이 폭력을 어떤 본질적인 창조력으로 파악하지 않았다. 폭력은 기존 사회질서의 수호자로서, 아니면 새로운 사회의 산파로 생각되었다.

소렐에 와서 비로소 폭력의 사용이 신비화되었다. 드 메스트르와 마찬가지로 소렐은 폭력을 새로운 것을 탄생시키는 창조적 힘으로 파악했다. 폭력의 동원은 해방적 효과가 있고 새로운 정신의 창조로 생각되었다. 폭력의 동원은 신화를 통해 정당화될 뿐 아니라 그 자신 신화의 일부를 형성하며 직접적인 창조적 성격을 지니는 자유로운 도덕적 행동의 표현이었다.

소렐은 그의 『폭력론』(1908)에서 귀족사회에 항거하는 총파업이야말로 열광을 불러일으킬 수 있는 유일한 힘이라 말하고, 그러한 열광이 어떤 도덕성이나 사회적 통합도 이룩할 수 없다고 주장했다. 푸르동과 마찬가지로 소렐도 전쟁과 폭력을 찬미하면서 전쟁과 폭력이야말로 새로운 도덕적 혁신의 약속을 배태한 것으로 생각했다. 스펜서와 콩트가 전쟁의 미덕이 산업의 미덕으로 교체되어갈 것으로 예상한 데 반해 소렐은 사회 발전에 폭력 동원의 시대가 도래할 것으로 예상했다.

소렐은 동시대인 가운데 레닌과 무솔리니에 열광했으며 이들이 시민사회를 데카당스의 경직과 마비에서 희생시킬 것으로 기대했다. 그는 『폭력론』의 후기, '레닌에 대해서'라는 글에서 레닌의 사회주의는 프랑스 아카데미의 덕목을 계승하지 않고 있다고 선언했다. 그는 또 성군을 이끈 용병대장 무솔리니가 어느 날엔가 이탈리아의 깃발에 경례하는 날이 올 것으로 믿었다. 소렐은 좌파 운동이냐 우파운동이냐 또는 사회주의냐 보수주의냐는 별로 중요한 문제가 아니라고 생각했다. 결정적인 문제는 집단이 개인에 앞서는 사회적 기본 관계를 회복시킬 도덕적 혁신이었다. 그는 고대의 아테네인이 결코 상인이 아니고 군인이었다면서 군인이 미래 사회에서는 구성원이 되어야 한다고 강조했다. 그는 합리적인 통찰에서가 아니라 신앙에서 모든 것을 판단했다. 드 메스트르나 푸르동과 마찬가지로 소렐의 사상 배경에는 인간의 실체는 본질적으로 이해 불가라는 것, 따라서 어둠의 베일에 가려 있다는 오랜 신학적인 전제가 깔려 있었다. 학문은 공허한 것이며 현실을 어둠에서 벗어나게 할 수 있는 효과 있는 주문을 가진 마술사가 중요하다고 생각했다. 결과는 휴스(H. S. Hughes)의 말대로 하면 '일종의 사회학적 신비주의'였다. 프로이트(M. Freund)는 이념의 줄타기에서 대부분의 개념이 이중의 의미를 갖는다고 했다.

소크라테스와 기독교를 사형 선고한 재판관은 명백하게 알려진 법을 적용했는데 이 재판을 반복한 소렐은 신화와 폭력을 적용, 이 처형이 언젠가 합리화될 것으로 믿었다. 따라서 소렐의 경우는 합리적 분석이 없으며 산업사회의 물질적·경제적·기술적·사회적 구조에 대한 조명이 결여되고 있다. 오직 이러한 상황에 대한 도덕적 고찰, 다시 말해 최고가치의 전략만을 다루었을 뿐이다. 이리하여 강제적인 창조 행위가 있는 세계가 새로 만들어져야 한다는 결론이 나온 것이다. 이러한 입장은 경직화되고 마비된 실증주의와 공리주의에 대한 비판으로 중대한 비중을 차지하는 것이며 중대한 의미를 갖는 하나의 문제를 제기한 것으로 봐야 할 것이다.

베르그송과 프로이트의 비교에서도 나타나는 일이지만 소렐과 마르크스와의 비교에서도 아쉬운 것은 이러한 문제들을 그같이 인식하는 데 그칠 것이 아니라 합리적으로 분석화했어야 한다는 점이다. 새로운 세계의 창조에 있어서 신화, 즉 직관에 대한 인식이 결여되는 순간 이와 같은 관점은 학문적으로 발전되지 않기 때문이다.

베르그송과 소렐의 반이성론에 대한 엄밀한 논박은 이러한 반이성론이 중요한 의미를 갖는 사실들을 파헤치지 못했다는 데 있지 않고 그러한 사실들이 학제간(Intersubjective)의 비교가 불가능한 언어로 표현되어 학문적 발전을 불가능케 했다는 사실에 집중되고 있다. 문제는 언제나 과거에 대한 합리적 분석을 더욱 발전시키는 데 있는 것이다. 그러한 합리적 분석을 생략해도 된다고 생각하는 것은 곧 학문의 발전을 포기하는 것이 된다.

산업화와 대중사회

르 봉은 그처럼 파멸의 위기에 있어 신화의 주문으로 구제해야 될 상황의 세계를 오히려 대중의 세계로 규정했다. 그는 『사회주의 심리학』(1908)에서 현대사회를 관념과 감정과 습관의 조직으로 보고 사회는 이러한 도덕유산과 부착된다고 서술했다. 지식이 아닌 감정이 사회의 원동력이라는 것이 르 봉의 시각이다. 그러나 소렐이 소박한 인간의 감정에서 도덕적 혁신의 원천을 찾았지만 계몽주의의 전통에 선 르 봉은 대중의 감정을 불신했다. 그의 테마는 데카당스가 아니라 부르주아 사회의 절박한 노령화 현상이었다. 르 봉은 부르주아 사회가 몇백 년 동안에 노쇠한 정도가 마치 귀족사회가 몇천 년 동안에 노쇠한 것과 맞먹는다고 기술했다. 인간의 해방은 시작이 되자마자 끝나버렸다고 말한 르 봉은 그것이 현대사회에 모습을 나타낸 소외 때문이라고 주장했다. 그는 하층사회의 증오와 질투, 지도층의 무관심과 이기주의 및 향락주의, 지식인들의 비관주의가 현대의 일방적인 조류라고 진단했다.

르 봉은 그의 『군중심리』에서 이상이 무너지고 민족주의가 고개를 들어 이상주의 시대에 만들어진 모든 종교적·정치적·사회적 제도들이 동요를 보인다고 결론을 내렸다. 그에 따르면 모든 문명적인 중대 과업은 정치엘리트에 의해 수행되는 것이기 때문에 대중의 시대는 아나키의 시대가 될 수밖에 없다는 것이다. 낡은 이념은 무너지고 새로운 이념이 태동치 못한 데서 생긴 공백기에 대중이 등장한다고 한다.

토크빌과 부르크하르트, 그리고 니체도 이미 이성적이고 교양 있는 건실한 개인이 몰락하고 대중이 부상하는 유럽의 미래사회를 예견했었다. 여기에서는 보편적이고 범속한 그리고 방만한 동기가 주도권을 장악한다. 또 관례적인 사회계층의 어느 분야에도 들어갈 수 없는 너무나 많은 대중이 위기의식에 젖는다. 르 봉은 대중심리와 대중사회의 예언자였다. 그러나 르 봉의 개념을 다루는 데 있어서 간과되어서 안 되는 일은 그러한 개념이 반드시 사회학적 기능의 정의에 연관된다는 점이다.

　광범위한 사회계층으로서의 프롤레타리아에 대한 본격적인 이론은 마르크스가 리카르도의 연구를 기초로 발전시킨 것인데, 이 이론은 그러나 사회학 분야 밖에서는 받아들여지지 않고 있다. 18세기와 19세기의 프랑스 사회학은 산업노동자를 다루지 않았다. 메슬리어(Mesler), 루소, 바베프(Babeuf) 등이 빈곤층과 부유층에 대해 언급했고, 육체노동으로 생계를 유지하는 계층과 재산으로 살아가는 사람을 구분했다. 그러나 이것은 고대로부터는 아니지만 산업화 이전의 구분이었다. 1884년 마르크스가 파리에 왔을 때만 해도 직인(Handwerker)과 장인(Meister), 도제(Gesellen)들이 선망의 대상이었고, 이러한 사회계층이나 이들의 이상을 옹호하는 사회주의는 유토피아 사회라 지칭되고 있었다. 루즈(Arnold Ruge)는 이것을 '사회적인 직인교의학(職人敎義學)'이라는 적절한 표현으로 쓴 적이 있다.

　생 시몽과 콩트 그리고 쿠노가 직인교의학과 부르주아 사회의 가치를 옹호할 때도 산업인, 은행인, 기술인들에게 호소했었다. 이들은 산업화를 산업프롤레타리아의 확산이라는 측면에서 보지 않고 새로운 산업 엘리트의 등장으로 파악했다. 콩트는 프롤레타리아가 이러한 산업기술 사회의 외부에 서 있다고 보고 사회에 합류하도록 노력해야 한다는 결론을 내렸다.

특별한 사회학적 위치나 특별한 사회학적 발전 법칙이 대중에 적용되지 않는다는 생각이었다. 이 테마는 사회개혁 또는 사회정책 분야의 것이 되어야 하고, 여기에서 고향 없고 무법자에 가까운 대중을 질서와 법으로 유도해야 한다고 보았다.

그러나 시간이 흐름에 따라 대중을 부르주아적인 가치척도에 적응시키기가 어려워졌고 그럴수록 대중은 악몽처럼 보였다. 대중은 점차 무서운 세력이 되어갔고 자칫 이들이 거대한 파도로 사회를 휩쓸지 않을까 하는 두려움에 쫓기게 되었다.

마르크스의 이론은 시민계급의 개념으로는 합리적으로 파악이 되지 않는 계층이 산업사회 안에서 합리적 지위를 명백히 갖도록 했다는 점, 다시 말해 적어도 원칙상은 프롤레타리아 계급을 산업사회의 발전에 연결시켰다는 점에서 중대한 의미를 갖는다. 역사에 있어서의 이성이나 사회의 합리적인 발전이 몇 사람의 엘리트, 산업인, 기업가, 테크니션 또는 철학자에 의해서만 좌우되지 않는다는 것, 국민대중도 여기에서 제 나름의 몫을 한다는 것이 명백해졌다. 프롤레타리아가 부르주아 사회의 바깥 측에 서 있지만 결코 비사회적인 존재가 아닌, 자신의 가치관과 제도로 미래 사회에 참여하게 된다는 것을 밝힌 것이다.

마르크스는 산업사회 대중에게 확고한 지위를 부여했고 적어도 개념상으로는 그렇게 조직된 것으로 봐야 할 것이다. 마르크스가 지적한 산업사회의 인간대중이 있으면서도 생산적인 사회관계가 존재하지 않거나 산업사회의 성립에 불가결한 대중이 인정되지 않을 경우, 또 산업노동의 과정에서 대중이 기강이 없고 구속을 받지 않고 있으면 흔히 여기에는 이성적이 아닌 힘이 지배하는 것으로 생각한다. 이와 같이 현대의 대중사회에 존재하는 비이성적인 힘의 작용이 곧 르 봉의 테마였다.

르 봉은 대중이야말로 현대의 군왕이라고 생각했다. 대중에 대항할 객관적인 합법성이 없다는 것이며 사회학의 고유한 과제는 바로 이 대중에 관한 이론, 다시 말해 대중의 형상과 운동법칙을 알아내는 데 있다고 보았다. 르 봉은 구성분자의 동질성과 이질성에 따라 동질적 군중과 이질적인 군중으로 구분했다. 그러나 르 봉은 실제적으로는 아주 중요한 의미를 갖는 이러한 차이 자체를 중요시하지 않았다. 왜냐하면 그는 동질적 군중과 이질적 군중의 공통된 특징을 더욱 주시했기 때문이다. 군중의 가장 두드러진 특징은 거기에서 태동하는 정신적 통일이라는 것이 르 봉의 주장이다. 오직 외적으로만 통일된 개인은 결코 군중을 형성하지 못한다는 것이며, 인간의 개인적 주관성을 단념하고 군중의 일반의지에 복종할 때 비로소 군중사회가 형성된다.

그러한 개인의 일반 의지화는 루소가 말한 사회계약만으로 이루어지지 않으며 강력한 외부사회의 압력에 의해 자발적·본능적으로 이루어진다는 것이다. 여기에서 가장 기본적인 전제가 되는 것은 인간이란 일단 긴밀하고 일목요연한 사회관계에서 벗어나면 결코 주관성이나 자유롭고 이성적인 의지로 행동하지 못하는 점이다. 인간이 일단 군중에 끼어들면 지각의 상태가 달라지고 자신에 관련시켜서 행동하고 이성적인 존재가 되지 못하고 스스로를 통제 못하는 암시에 의해 움직이는 존재가 되어버린다. 뒤르켐은 바로 여기에 종교의 근원이 있다고 생각했다. 그러나 뒤르켐은 그것이 초자연적인 존재는 아니며 인간의 집안에 내재하는 통일의 체험이라고 말한다. 사회적인 응축이 인간의 의식을 변화시킨다. 이러한 과정을 통해 생긴 열광은 개인의 자제력을 돌파한다.

소렐이 새로운 열광으로 찬 세계를 모색했었다면 르 봉은 현대를 열광으로 내닫는 군중의 세계로 파악했다. 소렐과 달리 르 봉은 발전 과정을 부정적으로 판단했지만 두 사람이 똑같이 이러한 사태의 근원이 계몽주의와 혁명에 있다고 생각했다. 소렐은 계몽주의가 이성적인 인간의 해방을 몰아왔다고 비난했고, 르 봉은 계몽주의가 평등의 이념으로 대중을 해방시켰고 이성론을 들고 나와 마치 대중이 합리적인 존재인 양 환상을 갖게 했다고 비난했다. 소렐은 계몽주의가 전통적 신앙을 논리와 이성으로 대체시켰다고 비난했고, 르 봉은 계몽주의가 논리와 이상이 신앙을 대신할 수 있는 양 교육시킨 점을 들어 비난했다.

그러나 실제에 있어서 민중은 이론이나 이성으로 지도되는 것이 아니고 비이성적인 힘의 지배를 받는다는 것이 르 봉의 주장이다. 소렐은 비합리주의에의 복귀를 예언했고, 르 봉은 비합리주의가 엄연한 현실이라고 주장했다. 따라서 르 봉은 소크라테스를 재판한다거나 역사의 이름으로 규탄하는 데 신경을 쓰지 않고 그의 이성론이 하나의 환상이라는 사실을 효과적으로 폭로하는 데 주력했다.

대중사회에서 인간의 진정한 충동력이 나타난다는 것, 우상과 명성, 그리고 환상에의 충동은 파국적인 체험을 통해 수정될 수 있지만 그러나 본질이 변하지는 않는다는 것이 르 봉의 판단이다. 전에는 충동력이 억제되었지만 문화의 조직이 부패되면서 민족주의 정신의 폭발하에 그것이 무대를 장악하게 되었다는 것이다. 따라서 우리는 대중의 지배를 감수해야 하고 여기에 작용하는 원시적 메커니즘을 받아 즐겨야 한다는 것.

대중사회 안의 개별적 인간은 밀려오는 운명의 파동을 어찌하지 못하면서도 지적인 우위성을 자부하려는 교양인의 위치와 같다는 것이다. 대중사회 속의 인간은 충동적 존재, 즉 야만주의로 나가게끔 운명지워졌다는 것이 르 봉의 관점이다. 인간은 로봇처럼 외부에서 작동하는 대로 움직인다는 것. 인간은 스스로 행동하는 것이 아니라 오직 반응뿐이며 어떤 조작 기술을 지닌 지도자를 추동할 따름이다. 단언과 반복 그리고 전파가 지도 수단이다. 베르그송은 변론적인 이성이 이해에 아무런 효과가 없다고 주장했고, 르 봉은 대중사회의 지도에는 올바르고 객관적인 논증이 중요한 것이 아니라 반복과 단언이 중요하다고 보았다. 계속적인 반복은 인간이 원하건 원하지 않건 휩쓸리게 하는 하나의 파동을 일으킨다는 것이다.

이와 같은 지도 기술에는 지도자 자질, 즉 한 사람의 지도자가 소유한 마술(Prestige)이 중시된다. 이러한 자질은 후천적 또는 인위적이거나 아니면 전수될 수 없는 타고난 개인적 성격, 즉 뛰어난 지도자 자질의 카리스마일 수도 있다.

이러한 지도자 자질은 자신의 환경에 일종의 마력을 발사한다. 현대의 대중사회는 이념이나 제도가 아니라 대중의 격정과 대중의 원동력이 되는 카리스마적인 지도자에 의해 지배당한다는 것이다. 방황하고 데카당스에 기울어지는 군중에게 고상한 것에 대한 감각을 회복시켜주는 것이 바로 초인, 독재자, 용병대장이다. 앞서 열거한 사상가들, 그리고 그 후의 막스 베버는 다 같이 사회주의의 평등 및 합리적인 이상이 대중사회를 끌고 갈 수 없을 것으로 판단했다.

인간이 날로 서로 닮아가고 개인의 사욕을 추구해가는 시대에 사회주의는 올바른 해결책이 못된다. 대중과의 사이에 '장벽을 구축'하여 상부구조를 형성, 철저한 지도와 사회의 통합을 회복해야한다는 것이 니체의 주장이었다. 토크빌은 또 평등의 시대에는 모든 인간이 국가에 밀려들 것이라고 예언했다. 폭력과 초인, 그리고 카리스마적인 지도자에서 분열된 사회에서 기강과 질서를 회복하는 단계를 찾게 된 것이다. 제도가 무너지면 현명한 인간은 손에 칼을 쥐고 힘을 연마한 장군을 맞아들이는 것이라 말한 것은 데이비드 흄이다. 니체, 소렐, 르 봉은 다 같이 이처럼 중대한 국면에 서 있다는 데 의견을 같이했다. 계몽주의의 행위이론에 대한 이론적 대안을 제시하는 데 몰두하지 않고 계몽주의로 야기된 사태를 종식시킬 새로운 세력을 기대하고 또 지적한 것이다.

베르그송, 소렐, 르 봉은 이론가라기보다는 환상가였으며 학자라기보다는 예술가였다. 이들은 주장의 내면적 명확성이나 경험적으로 제시된 타당성이 아니라 그들이 제시한 언어와 우상의 매력 때문에 많은 영향을 주었다. 이들이 얻어낸 성과는 이들의 테제가 논리적 주장이나 경험적 검증이 아닌 특정한 감각의 추정이었다는 점에서만 아주 정당한 것임을 주장했다.

이들의 목적은 한 가지 진실, 다시 말해 과거의 혁명적 세계관에 맞설 수 있는 보수적 세계를 전달하는 데 있었다. 바로 이러한 실용적인 의도 때문에 이들의 주장은 학문적인 한계를 갖는다. 이들의 발상은 실용적·직관적 확신의 주장이어서 동조 세력을 얻었지만 더 발전될 수가 없었다. 아무리 그것이 경탄스러운 것이라 해도 그것은 이들에게서 발산된 하나의 자극과 격앙에 그쳤을 뿐 학문적 지속을 갖지 못했다.

옮긴이 후기
영원한 생명력을 지닌 현대의 고전

르 봉의 『군중심리』는 1895년에 나와서 1921년까지만 해도, 짧은 시간에 무려 27판을 기록했으며 30개 국어 이상의 번역본이 나온 현대의 고전이다.

『군중심리』는 논문(monograph)이 아닌 시대평론(essay)이지만 바로 오늘 나온 책인 것처럼 그 생명력이 전혀 시들지 않고 있어 오히려 놀라움을 준다.

이 책에 나온 1890년대의 유럽, 특히 프랑스는 계몽주의에 대한 환멸이 휩쓸면서 사회주의와 아나키스트들이 판을 치는 문자 그대로 '세기말'의 분위기였다. 사상적 계보를 따지면 니체의 『초인론』과 소렐의 『폭력론』도 같은 이 무렵의 시대정신을 반영한 것이며 『군중론』은 꼭 그 중간에 서 있는 것으로 볼 수 있다.

『군중심리』 역시 이성에 대한 신념의 퇴조를 배경으로 하고 있기 때문에 진보적 자유주의자들의 곡해와 비판을 숱하게 겪어 왔다.

이 책은 군중의 심리가 역사의 원동력으로 등장했다는 사실을 주제로 하여 군중의 정체를 역사적으로 논증했을 뿐 가치판단적 분석을 하지 않고 있는데도 귀족주의적 관점에서 군중을 경멸하는, 따라서 반민주주의적 보수사상으로 잘못 확대해석되어 많은 오해를 불러일으키고 있다.

그것은 일부 학자들이『군중심리』가 20세기에 전개될 사회를 너무나도 정확하게 예언, 특히 파시즘과 나치즘의 대두를 유인한 것처럼 너무 편견에 치우쳐 파악한 데 그 원인이 있지 않나 생각된다.

르 봉의『군중심리』는 사회심리학으로서 주로 사회학에서 다루어지고 있지만 역사학, 정치학과도 밀접히 관련되는가 하면 종교·교육 문제 등을 포함한 광범위하고 도도한 형식의 문명비판이기도 하다.

역사학적인 관점을 보면 오늘날까지도 논란의 대상이 되고 있는 '보편성'과 '특수성'에서 특히 민족의 개체를 강조하는 상대주의적 특수성의 입장을 강력히 밝히고 있어 주목이 된다. 그는 또 군중의 심리를 '민족정신'으로 승화시킬 수 있는 영웅의 출현을 암시적으로 기대하고 있으면서도 영웅에게 모든 것을 맡겨버린 채 '자유로부터의 도피'에 말려들 위험을 경고하고 있는데 이것이 파시즘과 나치즘의 대두로 정확히 적중되자 마키아벨리의『군주론』이 절대군주의 출현과 연관된 것처럼 해석하듯이 이성의 무력이 강조된『군중론』이 파시즘이나 나치즘의 출현을 촉구한 듯 해석하는 경향이 나타나게 되었다. 그러나『군주론』이 오히려 악용당했다는 재평가가 오늘날 유력하게 받아들여지고 있듯이, 르 봉의 『군중론』도 강력해진 하나의 역사 세력을 냉철히 분석하고 있으며 오히려 영웅이 갈채로 맞은 군중을 살육하는 역사적 실례까지 동원, 무솔리니나 히틀러의 등장을 예언적으로 경고한 느낌을 주고 있다.

이처럼 사상적으로 오해를 일으키게 된 결정적 원인은 르 봉의 『군중심리』가 이탈리아의 파시즘을 유발한 것으로 평가되고 있는 미첼(R. Michels, 『과두제의 철칙』)과 파레토(V. Pareto, 『잔기─파상체론』), 모스카(G. Moscao, 『지배계급』) 등 이른바 마키아벨리스트 3걸들에 의해 이탈리아와 독일에 소개된 데에서 비롯되고 있다.

아무튼 『군중심리』는 독일과 미국의 사회학 이론에 큰 영향을 주었다. 미국에서는 시카고 사회학파의 거두라 할 수 있는 파크(R. E. Park)에 의해 소개되어 큰 반향을 일으켰다. 특히 미헬스와 친교가 두터웠던 베버(M. Weber)는 르 봉의 영향을 크게 받은 인상을 준다. 베버의 유명한 카리스마적 지배, 관료제도론, 신분론, 당파론, 종교론, 상대주의, 반유물론 등은 『군중심리』를 그대로 옮겨놓은 듯 보일 만큼 어프로치가 비슷하다. 베버가 나치즘의 정신적 선구자로 일부에서 거론되고 있는 점까지도 닮고 있지만 베버 자신은 르 봉을 직접 언급하지 않고 있다.

이 책의 번역은 영역본 *The Crowd, A Study of Popular Mind* (London: Ernest Bonn Ltd., 1947)를 대본으로 했으며, 독자의 이해를 돕고자 프리드리히 요나스 교수의 글을 덧붙여 실었다.

그리고 독자의 편의를 위해 제1부, 제1장, 제1절식의 교과서 같은 원본 편집과 항목을 탈피했을 뿐, 단 한 줄도 생략하지 않은 완역임을 밝혀둔다.

　　　　　　　　　　　옮긴이 전남석, 발행인 윤청광

지은이 **귀스타브 르 봉(Gustave Le Bon)**

1841년 5월 7일 프랑스의 명문 집안에서 태어났다. 의학과 인류학을 연구하다가 이후 사회심리학, 역사, 민속학, 과학 등 다양한 학문 분야로 관심을 넓혀갔다. 책을 통한 공부보다는 유익한 경험을 중시한 그는 직접 다양한 지역과 나라를 다니며 문명과 사회, 민족과 관습 등의 주제를 연구하기도 했다. 『군중심리』(1895)는 그를 대표하는 작품으로, 당대 여러 학자와 정치인에게 영향을 미친 한편, 사회심리 연구의 새로운 발판을 마련한 것으로 평가받는다. 그 밖에 『민족발전의 심리학적 법칙』(1894), 『프랑스 혁명과 혁명의 심리』(1912) 등 다양한 학문 분야와 주제를 다룬 책을 남기고 1931년 사망했다.

옮긴이 **전남석**

1935년 전남 영암에서 태어나 서울대학교 사범대를 졸업한 후 ≪민국일보≫를 시작으로 ≪경향신문≫, ≪서울신문≫ 등에서 기자로 일했으며, 언론연구원 기획국장을 지냈다. 옮긴 책으로 『사회학의 현대론』, 『사회과학론』, 『삼국지 정치학』 등이 있다.

군중심리 개정판

지은이 **귀스타브 르 봉** ㅣ 옮긴이 **전남석**
펴낸이 **윤청광** ㅣ 펴낸곳 **동국출판사**

초판 1쇄 발행 **1990년 6월 25일**
개정판 2쇄 발행 **2019년 9월 20일**

주소 **04144 서울특별시 마포구 마포대로 127 풍림빌딩 1321호**
전화 **02-715-6544**
등록 **1980년 2월 25일 제1-108호**

ISBN 978-89-7031-016-9 03180